《四川民族读本》作者名单

主 编

陈井安　四川省社会科学院党委副书记、研究员
　　　　四川省康藏研究中心主任

杨环（藏族）　四川省社会科学院民族与宗教研究所副所长、副研究员

编 委

王海燕（羌族）　四川省民族研究所副研究员
何　洁　四川省社会科学院民族与宗教研究所副研究员
苏红丽（彝族）　四川省民族研究所助理研究员

四川民族读本

SICHUAN MINZU DUBEN

主 编 陈井安 杨 环

四川大学出版社

项目策划：邱小平　黄蕴婷
责任编辑：黄蕴婷
责任校对：杨丽贤
封面设计：墨创文化
责任印制：王　炜

图书在版编目（CIP）数据

四川民族读本 / 陈井安，杨环主编． — 成都：四川大学出版社，2018.10
（四川系列读本）
ISBN 978-7-5690-3751-7

Ⅰ．①四… Ⅱ．①陈… ②杨… Ⅲ．①民族工作－四川 Ⅳ．①D633

中国版本图书馆 CIP 数据核字（2020）第 097276 号

书　名	四川民族读本
主　编	陈井安　杨　环
出　版	四川大学出版社
地　址	成都市一环路南一段 24 号（610065）
发　行	四川大学出版社
书　号	ISBN 978-7-5690-3751-7
印前制作	四川胜翔数码印务设计有限公司
印　刷	四川盛图彩色印刷有限公司
成品尺寸	170mm×240mm
插　页	2
印　张	12
字　数	172 千字
版　次	2020 年 6 月第 1 版
印　次	2020 年 6 月第 1 次印刷
定　价	84.00 元

版权所有　◆　侵权必究

扫码加入读者圈

◆ 读者邮购本书，请与本社发行科联系。
　电话：(028)85408408／(028)85401670／
　(028)86408023　邮政编码：610065
◆ 本社图书如有印装质量问题，请寄回出版社调换。
◆ 网址：http://press.scu.edu.cn

四川大学出版社
微信公众号

前　言

　　四川是一块美丽富饶的宝地，也是一个拥有众多民族的省份。全省有藏族、彝族、羌族、土家族、苗族、回族、纳西族、傈僳族、布依族、满族、傣族、蒙古族、壮族等十多个人口较多的少数民族。甘孜藏族自治州、阿坝藏族羌族自治州、凉山彝族自治州等地是四川省少数民族的主要聚居区。成都、宜宾、乐山、绵阳、雅安等地也有少数民族杂居、散居。

　　四川民族地区幅员辽阔，资源丰富。甘孜、阿坝、凉山三个自治州总面积29.7万平方千米，占全省总面积48.6万平方千米的一半以上。在这片辽阔的土地上，有1.6亿亩天然牧场，这是全国五大牧区之一；还有广袤的森林，木材蓄积量占全省总蓄积量的80%；地下蕴藏有丰富的矿产资源，已探明的有铁、煤、铜、云母、黄金、白银等几十种；水力资源极为丰富；此外，还出产麝香、虫草、贝母、天麻等多种名贵药材；在茂密的森林里，还有许多珍稀的保护动物。四川民族地区是重要的生物多样性和资源富集区域。

　　四川少数民族历史悠久、文化灿烂。几千年的优秀传统民族文化是各民族在长期的历史发展和社会生活中共同创造出来的。各民族生活在这片土地上，在征服大自然的斗争中，在社会的演变中，以自己的智慧和勤劳，创造

了独特而丰富的物质文化和精神文化，为世界所注视，并成为中华民族文化宝库中的璀璨明珠和不可或缺的重要组成部分。

四川少数民族受所处的地理位置和宗教因素等多方面影响，引起很多人对少数民族的历史、文化、经济等方面的兴趣，为世界所关注。新中国成立以来，党和国家一直都非常重视少数民族研究与文化传承工作，少数民族文化在中华民族文化中占有重要的位置，具有重要的政治意义。

为了促进四川省民族间的交流、交融、交往，我们撰写了该读本。希望该读本的出版能够为增进外界对四川民族地区的了解尽一份绵薄之力。当然，一本读本很难将四川少数民族数千年来的历史文化、政治经济等方面的内容阐述详尽，错漏在所难免。我们诚恳地希望读者给予批评指正。

陈井安　杨环
2020年4月

目　录

第一章　自然胜地
一、人与自然的融合 …………………… 005
二、冠绝天下的风景 …………………… 014
三、生态资源的宝库 …………………… 025

第二章　重要成员
一、主要民族的形成历史 ………………… 035
二、各民族在维护祖国统一中的贡献 …… 045
三、各族人民翻身得解放 ………………… 053

第三章　灿烂文化
一、具有特殊意义的民族文化 …………… 066
二、独具一格的民族工艺美术 …………… 078

第四章　宗教信仰

一、藏传佛教 …………………………………… 089
二、羌族释比 …………………………………… 095
三、彝族毕摩 …………………………………… 097
四、纳西族东巴 ………………………………… 099
五、其他宗教信仰 ……………………………… 100

第五章　多彩民俗

一、欢乐节庆 …………………………………… 105
二、民族服饰 …………………………………… 110
三、生态饮食 …………………………………… 113

第六章　传统社会与现代文明

一、活的社会发展史 …………………………… 121
二、多样化的社会群体 ………………………… 127
三、走向现代生活 ……………………………… 132

第七章　民族政策与民族工作

一、改革开放以来四川的民族政策 …………… 145
二、改革开放以来四川的民族工作 …………… 165

参考文献 ………………………………………… 181
后　记 …………………………………………… 185

第一章

自然胜地

四川民族读本

第一章　自然胜地

四川省位于中国西南部，是内陆腹地省份之一，四川西部地区是青藏高原的一部分，东部地区则大部分处于四川盆地内。四川民族地区有丰富的水能、矿产、森林、草原、农牧业、旅游、民族文化等资源，是全国、全省生态文化保护和建设的重点地区。四川地处长江、黄河流域上游及各大支流地带，是重要的水源涵养地，江源文化底蕴深厚。长江是中华文明的母亲河，金沙江、雅砻江、岷江、嘉陵江这四条长江上游的主要支流自北往南并行而流。

岷江源在历史上有长达两千多年时间被认为是长江江源，全流域均在四川省境内，孕育了古蜀文明。传统上认为岷江发源于川西北松潘县岷山南麓，有东西二源：东源出自高程3727米的弓杠岭，西源出自高程4610米的朗架岭。一般以东源为正源，两源汇合于虹桥关上游川主寺镇后，自北向南流经茂县、汶川、都江堰市，穿过成都平原的新津、彭山、眉山，再经青神、乐山、犍为，于宜宾市三江口与金沙江汇合注入长江。岷江干流全长711千米，是成都平原最重要的水资

源,历史上以都江堰为代表的灌溉工程造就了成都平原的天府之国。直到明代地理学家徐霞客经过实地考察后,自《禹贡》以来"岷山导江"的认识才得到纠正,进而提出"推江源者,必当以金沙为首",确认了金沙江作为长江上源的地位。金沙江在四川境内经川西南山地,贯穿会理、会东、宁南、布拖、金阳和雷波等六县,在凉山州内长度为598.7千米,流域面积2.489万平方千米,到四川盆地西南部的宜宾市接纳岷江。雅砻江是金沙江的最大支流,发源于巴颜喀拉山南麓,在石渠县进入四川时才被正式称为雅砻江,经甘孜州新龙县、雅江县,凉山州木里县、冕宁县,于攀枝花市三堆子入金沙江,全长1571千米,四川境内为1357千米。嘉陵江因凤县境内的嘉陵谷而得名。它穿越大巴山,进入四川省境内广元市元坝区昭化镇,与上游最大支流白龙江汇合,再向南流经苍溪县、阆中市、南部县、蓬安县、南充市、武胜县,到重庆市注入长江。

白河、黑河是黄河上游四川省境内的两条大支流,位于黄河流域最南部,流经川西北若尔盖草原,两河分水岭低矮,无明显流域界,存在同谷异水的景观,加之流域特性基本相同,堪称"姊妹河"。黑河,又称墨曲,因两岸沼泽泥炭发育,河水呈灰色而得名。黑河发源于红原与松潘两县交界、岷山西麓的洞亚恰,由东南流向西北,经若尔盖县,于甘肃省玛曲县东南面的曲果果芒汇入黄河,河道长456千米,流域面积7608平方千米。白河,又称嘎曲,发源于红原县壤口乡与刷经寺镇之间,地势较高,泥炭出露不明显,河水较清,向北流入若尔盖县,在唐克镇北约7千米处入黄河,长约150千米,形成九曲黄河第一弯。

江源为文明发祥之源,四川境内长江、黄河各条支流孕育了丰富的民族文化,拥有众多高品位、不可替代的生态旅游资源,江源地区是中国推向世界的重要"生态旅游胜地"之一。

一、人与自然的融合

纵观世界历史，凡是具有悠久农业文明历史的区域，都曾发生过远古人群经河流及山地构成的通道向下游冲积平原地区迁移的历史过程。其中有些人群会受阻或滞留于某些山区，尤其是在类似于四川盆地四周的横断山脉这样的山区。也有处于冲积平原的人群选择经由河谷顺流而上的情况。长江、黄河上游流域，是各民族南来北往的天然通道，这种迁徙模式形成了现今横断山脉"民族走廊"的分布格局。

四川号称"千河之省"，有长江水系和黄河水系支流1400多条，流域面积在500平方千米以上的有343条。四川的民族走廊大致有三条。第一条，自青藏高原沿着阿尼玛卿山两侧，从黄河大拐弯处东进，以及从甘南姚河上游南进，入川西北大草原，一部分顺着岷山西侧沿岷江上游南下，另一部分则从黄河南侧进入大渡河上游，并沿大渡河南下。这大体是羌语支族群所取的道路。第二条，部分羌语支及部分彝语支族群在青海玉树地区金沙江东侧及巴颜喀拉山南麓，东入雅砻江上游，再向雅砻江下游、金沙江流域，以及大渡河、安宁河流域运动。例如，彝族的词汇中，将北方称为"水头"，南方称为"水尾"，称"水从北方来""北方以水为本"等，这种以水头、水尾表示北南方位的方式，无疑表明彝族最早的先民生活在一个江河之水南北流向的地区。第三条是氐人族群运动的路线，大致沿岷山北麓白龙江向东进入四川嘉陵江上游地区，再向东接大巴山、汉水通道，向南接四川盆地北部边缘地带，即龙门山东侧。由此可见，江源往往是文明的发源地。各民族在走廊地带居停、繁衍生息、迁徙流动，形成丰富的文化沉积带，文化呈现出古老性、多样性、复杂性特点。对活动于民族走廊的各历史民族与族群而言，山水的交通之便及屏障作用，既为人群流动提供便利，为退避、封锁提供掩护，也为江

源文明的保存与新文化的开创提供了可能。典型的高山峡谷地形决定了走廊里的一条条大小河谷是北南交通的通道，而河谷两岸的险峻高山则为走廊居民筑起了一道道难以逾越的樊篱，钳制着他们的对外交往，所以走廊地带文化的封闭性、差异性特别显著，正如谚语所说，"一条沟，一口话""每条沟有自己的习俗，每条沟有自己的土话""五里不同音，十里不同俗"。

四川境内各条江的流域地带，形成了各民族和谐相处、交流融合的局面，造就了历史积淀丰厚、内涵博大精深、形态多姿多彩、地方化特色浓郁的民族文化。四川民族地区历史文化的多样性和复杂性，在语言的使用方面表现得最为明显。如今天嘉绒、白马、木雅等藏族支系，不但在服饰和生活习俗上保留着一些有别于典型藏文化的特点，而且也完整地保留着自己的语言或方言。他们在外面讲汉语或者藏语，在本村寨则讲自己的土语。当地人通常称这些话为"土话""地脚话"。语言、文化方面的研究者在嘉绒语、木雅语、道孚语、白马语中均发现了许多更古老且有别于藏语的文化特征。如木雅语中除包含今天已不复存在的西夏语的某些特点外，还直接含有古羌语的某些成分，而嘉绒语不论在语音、语法，还是构词上，也都有它自己的特点。此外，嘉绒和木雅等藏人虽在宗教信仰上多信奉藏传佛教，但在风俗上还保存着许多苯教文化的特点。

（一）民族人口构成和空间分布

四川作为一个多民族省份，居住着彝、藏、羌、苗、回、蒙古、傈僳、满、纳西、土家、白、布依、傣、壮等14个少数民族，加上20世纪50年代以后来川定居的其他少数民族，全省55个少数民族成分齐全。四川是全国第二大藏区、最大的彝族聚居区和唯一的羌族聚居区。民族自治地方有甘孜、阿坝、凉山3个自治州和木里、峨边、马边、北川4个自治县，共51个县，辖区面积30.5万平方千米，占全省的62.9%。据第六次全国人口普查结果，民族地区总人口有723.4万人，占全省的9%；其中少数民族户籍人口490.8万人，占全省总人口的6.1%，少数民族人口总量在全国各省市区中居第六位。除自治地方外，还有米易、盐边、平武、石棉、仁和、金口河、汉源、兴文、宝兴9个在省内享受民族地区待遇的县（区）及98个民族乡，另有73万少数民族人口分布在汉族地区18个市。随着工业化、市场化、城镇化进程加快，少数民族人口空间分布的散居化、城镇化趋势明显。

少数民族人口发展主要呈现两大特点。一是少数民族人口变动差异较大。与2000年相比，彝族、藏族、苗族、土家族、傈僳族人口在2010年增长10%以上，其中以彝族人口增加52.2万人，为最多。2010年，人口在2万以上的少数民族有7个，即彝族、藏族、羌族、回族、土家族、蒙古族、傈僳族，共482.3万人，占全省少数民族人口总数的98.3%，其中彝族、藏族、羌族分别以264.4万、149.7万和29.7万人居全省少数民族人口前三位。二是少数民族人口分布较为集中。羌族主要分布在阿坝州的汶川县、理县、茂县、松潘县小姓乡和绵阳市的北川、盐亭、平武等县。成都、攀枝花、绵阳、阿坝、甘孜、凉山6个市（州）少数民族人口均在10万人以上，总数达456.1万人，占全省少数民族人口总数的92.9%，而自贡、德阳、遂宁、内江、南充、广安、巴中、资阳8个市的少数民族均不足1万人。

彝族主要分布在凉山州、乐山市、攀枝花市。凉山彝族自治州位于川西南部，北起大渡河，与雅安市、甘孜州接壤，南至金沙江与云南省相望，东临云南省昭通市和四川省宜宾市、乐山市，西连甘孜州，地处北纬26°03′—29°18′、东经100°03′—103°52′，是全国最大的彝族聚居区、四川省民族类别和少数民族人口最多的地区，自古就是连通祖国西南边陲的重要通道——古"南方丝绸之路"的必经之地。1935年中央红军长征过凉山，巧渡金沙江，召开会理会议，举行彝海结盟，在中共党史、军史、革命史上写下光辉一页。1950年凉山解放，1950年12月西康省西昌专员公署委员会成立。1952年西昌专区析出部分县成立西康省凉山彝族自治区，首府驻昭觉。1955年4月15日更名为凉山彝族自治州，凉山彝族自治州与西昌专员公署同属西康省。1955年10月西康省撤销，西昌专区、凉山州改属四川省。1956年实行民主改革，1978年新的凉山彝族自治州成立，米易、盐边2县划归今攀枝花市，州府由昭觉移驻西昌。全州辖西昌市（县级市）、盐源、德昌、会理、会东、宁南、普格、布拖、金阳、昭觉、喜德、冕宁、越西、甘洛、美姑、雷波和木里藏族自治县等16县1市。州府西昌市海拔1500米，冬暖夏凉，四季如春，天空洁净清朗，月亮晶莹皎洁，素有"月城"之称，是一座极具春天气息的城市，也是举世闻名的中国航天城。全州幅员6.04万平方千米，总人口515万，居住着彝、汉、藏、回、苗、蒙古、傈僳、傣、纳西、布依、壮、白、满、土家等14个世居民族，其中彝族人口占52.5%，境内木里县是全国仅有的两个藏族自治县之一。凉山州地势自西北向东南倾斜，西部为高原，东部为山地。安宁河谷为主要农耕区，是国家和四川省农业开发重点区域，气候垂直差异明显，日照强，温差大，雨量充沛，干湿季节分明。

马边彝族自治县于1984年4月9日成立，位于四川盆地西南边缘小凉山区域，地理位置北纬28°25′30″—29°04′14″，东经103°14′40″—103°49′40″，地处乐山市南面，东北邻沐川县，西北交峨边彝族自治县，东部与宜宾市屏山县接壤，南部和西部分别与凉山彝族自治州的雷波县和美姑县毗邻，南北最长60.5千米，东西最宽58千米，行政区域面积2293平方千米，辖20个乡镇9个社区114个村。2015年底全县总共有户籍人口215449人，其中汉族人口110851人，占总人口的51.45%，少数民族104598人，占总人口的48.55%，彝族人口102365人，占总人口的47.51%。彝族信奉原始宗教，崇拜自然、神灵、图腾、祖先，这是彝族原始宗教的主要特点。毕摩和苏尼是原始宗教的传播者和践行者。全县自然资源富集，有耕地20.7万亩，林地245.6万亩；森林覆盖率54.6%，工业化率37.93%，城镇化率24.97%。

峨边彝族自治县地处西南小凉山区，秦时隶属蜀郡，汉时属犍为郡，清时置峨边厅，1914年改为峨边县，1949年12月峨边解放，1984年成立彝族自治县。辖区面积2382平方千米，辖19个乡镇129个村，总人口15.3万人，其中彝族人口5.6万。

藏族主要分布在甘孜州、阿坝州和凉山州的木里自治县。甘孜藏族自治州位于川西、青藏高原东南缘，是四川盆地西缘山地向青藏高原过渡的地带，地处北纬27°58′—34°20′、东经97°22′—102°29′，南北长约663千米，东西宽约490千米，总面积15.3万平方千米，平均海拔3500米。甘孜州东临四川省阿坝藏族羌族自治州和雅安市，南与四川省凉山彝族自治州和云南省迪庆藏族自治州毗邻，西沿金沙江同西藏自治区昌都市相望，北接青海省玉树藏族自治州和果洛藏族自治州。甘孜州是四川省面积最大、海拔最高、辖县最多、人口密度最低的民族自治地区，也是中国藏区的重要组成部分。州人民政府驻康定市炉城镇，海拔2560米，距省会成都366千米。1950年3月27日成立康定军事管制委员会，对西康省政府各部门进行接管。1950年11月24日成立西康省藏族自治区，人民政府驻地康定。1955年3月，改西康省藏族自治区为西康省藏族自治州。10月1日，西康省并入四川省，西康省藏族自治州更名为四川省甘孜藏族自治州。全州辖康定、泸定、丹巴、九龙、雅江、道孚、炉霍、甘孜、新龙、德格、白玉、石渠、色达、理塘、巴塘、乡城、稻城、得荣18个县（市），有325个乡（镇）、2679个行政村，总面积15.3万平方千米，居住着藏族、汉族、回族、彝族、羌族、纳西族等20多个民族。第六次全国人口普查数据显示藏族人口有85.486万人。

阿坝藏族羌族自治州位于四川省西北部，紧邻成都平原，北部与青海、甘肃省相邻，东南西三面分别与成都、绵阳、德阳、雅安、甘孜等市州接壤，是四川少数民族自治地方中距省会城市最近的，具有较好的区位优势。战国时，公元前316年，秦置湔氐道（今松潘），阿坝州始有建制。西汉置汶山郡。

晋、隋袭旧制有所拓展。唐代建制时有兴废，演变频繁。宋置茂州通化郡、威州维川郡。元为土司制度之始，明置茂州、威州、松潘卫，分辖各土司及千户所。清设茂州、理番厅、松潘厅、懋功厅。民国之初改厅州为县，继后设松理懋茂汶屯殖督办公署，后改为四川省第十六行政督察区，辖松潘、茂县、汶川、理县、懋功（今小金）、靖化（今金川）6县及草地65部、20个土司、11个屯守备。1935年至1936年，中国工农红军长征在州境内转战停留达16个月之久，创建了各级苏维埃政府和少数民族革命政权。阿坝州是红军长征途中中央召开政治局会议最多的地区，全州13个县被四川省政府认定为革命老区县。1950年1月，建立川西人民行政公署茂县专区专员公署，1953年1月建立四川省藏族自治区，1955年12月更名为阿坝藏族自治州，州府驻刷经寺，1958年迁马尔康，1987年7月更名为阿坝藏族羌族自治州。阿坝州现辖马尔康、金川、小金、阿坝、若尔盖、红原、壤塘、汶川、理县、茂县、松潘、九寨沟、黑水13个县（市），219个乡镇（镇51个，乡168个），1354个行政村，幅员8.42万平方千米。2015年末户籍总人口914106人，其中，农业人口710565人、非农业人口203541人。2017年末，全州户籍人口915235人，城镇人口269876人，乡村人口645359人。总人口中，藏族537425人，占58.72%；羌族169395人，占18.51%；回族29081人，占3.17%；汉族177458人，占19.39%；其他民族1876人，占0.21%。

木里藏族自治县于1953年2月19日成立，是一个以藏族为主，包括彝、汉、蒙古、纳西等21个民族的自治县，是全国仅有的两个藏族自治县之一，是四川省唯一的藏族自治县。木里县地处青藏高原和云贵高原结合部，东临冕宁、九龙县，南连盐源、宁蒗、玉龙，西接稻城、香格里拉，北通理塘、雅江、康定，是横断山脉在四川境内最为典型的地带，地质、地貌复杂，地形为沟壑纵横、切蚀深刻的残余高原，是青藏高原地质结构最复杂、环境最恶劣的地段之一。全县平均海拔3100米，相对高差4488米；面积13252平方千米，占凉山州面积的22%，是四川省内面积最大的县之一，居全省第三位。全县共辖29个乡镇，9个牧场，113个行政村，603个村民小组，其中面积在1000平方千米以上的乡镇有3个，500平方千米以上的乡镇有7个。2014年末全县总人口为13.4万人，其中藏族人口4.51万人，占总人口的33.7%，是四川藏区人口第一大县。

北川羌族自治县于2003年7月6日成立，隶属绵阳市，位于四川盆地西北部，古名"石泉"，是全国唯一的羌族自治县，既是少数民族聚居地，又是革命老区。全县辖区面积3083平方千米，辖10镇13乡（其中藏族乡1个），行政村311个，社区32个。总人口24万人，其中羌族8.5万人，占全县总人口的36%，占全国羌族人口近1/3。2016年，实现地区生产总值43.89亿元，增长8.3%；全社会固定资产投资43亿元，增长10.7%；工业增加值增长9.5%；服务业增加值增长10%，增速全市第1；地方公共财政收入4亿元，增长8.6%；城镇居民人均可支配收入24888元，增长9.0%；农村居民人均可支配收入10677元，增长10.7%，两项收入增速均居全市第1位。

另外，四川省苗族主要分布在泸州市、宜宾市、凉山州；回族主要散居在广元市的青川县、苍溪县，广安市的武胜县，南充市的阆中地区，成都市的新都区、崇州市，凉山州的西昌市、德昌县、会理县，阿坝州的松潘县、阿坝县以及宜宾、绵阳、内江、泸州、自贡等市；蒙古族主要散居在凉山州的盐源、木里县及成都市等地；傈僳族主要散居在凉山州和攀枝花市；满族主要聚居在成都市；纳西族主要分布在凉山州的盐源、木里县和攀枝花市的盐边县；土家族主要散居在各市州；白族主要分布在凉山州和攀枝花市；布依族主要分布在凉山州；傣族主要分布在凉山州的会理县和攀枝花市；壮族主要分布在凉山州的宁南、木里、会东等县。

（二）大江大河分布及其对民族多样性的影响

四川民族地区主要指的是岷江、大渡河、雅砻江、金沙江四条由北往南流的大江及其众多支流所流经的四川盆地及横断山脉地区。四川民族地区内现在生活着彝、藏、羌、苗、回、蒙古、傈僳、满、纳西、土家、白、布依、傣、壮等民族，以及一些有待进一步识别的族群，而且在许多民族内部还有着众多的支系。大江大河的分布对四川省内民族多样性具有巨大的影响。多民族的省情也造就了丰富多彩的多元文化。

表1-1　四川大江大河及民族、语言、文化关系表（王海燕制）

河流名称	大致范围	支流	大致行政区域	涉及民族	民族语言	文化圈
岷江上游	松潘至都江堰	黑水河、杂谷脑河	松潘县、黑水县、茂县、理县、汶川县	羌、藏	羌语、嘉绒藏语	羌文化、藏文化
岷江中游	都江堰至乐山	黑石河、金马河、江安河、走马河、柏条河、蒲阳河等	都江堰灌区	汉	汉语	四川盆地汉文化
岷江下游	乐山至宜宾	青衣江、大渡河、马边河、越溪河等	眉山、乐山	藏、羌、彝、汉	彝语、贵琼语、扎巴语、多续语	"西番"文化、彝文化
金沙江上段	甘孜州	赠曲、巴曲	甘孜州的德格、白玉、巴塘、得荣、乡城、稻城6个县	以藏族为主	藏语康方言	康藏文化
金沙江中段	凉山州	普隆河、黑水河、西溪河、美姑河、巴关河、岩羊河、摩梭河、尘河、鲹鱼河	会理县、昭觉县、越西县、美姑县、攀枝花市	以彝族为主	彝语	彝文化

续表

河流名称	大致范围	支流	大致行政区域	涉及民族	民族语言	文化圈
金沙江下段	石渠县至攀枝花市	雅砻江	石渠县、理塘县、巴塘县、木里县、攀枝花市	以藏族为主	藏语康方言	藏文化
	凉山州、宜宾市	松麦河、水洛河	会理、会东、宁南、普格、昭觉、布拖、金阳、美姑、雷波等地	以彝、汉族为主的多民族地区，汉族主要分布在西南、东北部地区，彝族主要分布在中部地区	彝语	彝文化
嘉陵江	四川段	白龙江、东河、西河、渠江、涪江	广元、阆中、南充	汉族地区	汉语	川南汉文化

　　四川大地上多民族共存，文化多样性丰富，尤其是藏、彝、羌三大民族文化交织纷繁。炉霍卡娘、丹巴中路等遗址，使得四川民族文化可溯源到距今4000至5000年前的新石器时代。遍及四川大部分区域的石棺葬为春秋战国到秦汉时期丰厚的氐羌文化遗存。藏语、彝语、羌语都属于藏缅语族，藏缅语族各民族的先民是古代分布于甘青一带的氐羌人。战国秦献公时北方的一部分羌人向南迁移到了今大渡河、安宁河流域，成为藏缅语族各民族的主要来源，尔后又不断南移、东迁，积淀了今日四川少数民族深厚的文化内涵。大渡河、雅砻江河谷并存的古羌、嘉绒、木雅、扎巴、尔龚等多种特殊"地脚话"和习俗，饱含着厚重的历史积淀。民俗宗教崇敬大山、圣湖、江河，留下了许多神奇传说。另外，藏族医药、彝族漆器、羌寨碉楼异彩纷呈，民族习俗、生活方式、民间信仰、原始宗教都充分展示了独特的风格，形成了

四川多元民族文化长期共存和互相包容的格局。

二、冠绝天下的风景

四川地域辽阔，自然生态类型复杂多样，旅游资源丰富，拥有众多高品位、不可替代的生态旅游资源。同时，四川是长江文明的发祥地之一，历史悠久、文化积淀厚重，人与自然长期和谐发展，形成了许多原生性地域文化。这为四川文化生态旅游的发展奠定了雄厚的资源基础，四川生态旅游业因此而得到较快发展，是"中国推向世界重要的生态旅游目的地"。

（一）无处不在的风景

大自然的鬼斧神工造就了四川民族地区瑰丽无比的自然景观，九寨沟、黄龙、四姑娘山、大雪山、海螺沟、泸沽湖……这些响亮的名字早已为全世界的旅游爱好者所耳熟能详。神山、圣湖、草原与林海，四川民族地区的美丽风景无处不在。

四川有众多被喻为神山的雪山，如起于阿坝州鹧鸪山的墨尔多神山，是一座神秘莫测、俊秀险绝的圣地仙山，古往今来都被人们顶礼膜拜，在藏区与喜马拉雅山和冈底斯山齐名，属大神山之列。墨尔多神山主峰坐北向南，海拔5105米，如龙盘展绵延上千里，在大、小金川汇合处丹巴县境内突兀矗立，高耸入云。右侧为西方，有自生石岩佛，左为东方，有自生石碉群，南方则是石笋勃然而立，北为山背，山峰连绵，集藏地八大神山造型缩影于一体。深不可测的海子湖藏于大神山之背心窝处，海中奇景怪象层出。它的神奇绝妙，更被中外宗教信徒虔诚崇拜。雅拉神山，地跨道孚、康定、丹巴三县，其西北面与塔公草原相连，形成雪山与草原交相辉映的壮美景观，系藏区八大神山之一。神山主峰海拔5820米，终年积雪覆盖，盛夏时日，在如花似锦的塔公草原上观瞻雅拉雪山,有如临仙界之感。目前,雅拉神山已被甘孜州列为18个生态旅游区之一。

四川河网密布,有类型多样的水域风光生态旅游资源,大江大河与沟壑溪流纵横交错,湖泊、池沼、瀑布、泉、冰川、雪地等交相点缀。四川湿地资源丰富,类型多样,包括沼泽、湖泊、河流、库塘等多种类型,湿地总面积1.74万平方千米,占全省面积的3.6%;河流湿地面积约4523平方千米,主要包括金沙江、雅砻江、大渡河、岷江等长江上游重要的干流和支流;湖泊海子分布众多,星罗棋布,共373平方千米,有天然湖泊1000多个,面积大于1平方千米的有多处,如泸沽湖、邛海、马湖、长海、新路海等,大小水库6672座,其中大中型水库107座,如二滩、龙泉湖、三岔湖水库等,都是开展观光、休闲度假等水上生态旅游活动的理想资源。其中"童话世界"九寨沟的108个串珠式湖泊群、"人间瑶池"黄龙的钙化五彩池最具盛名。横断山脉地区是地震频发带,造就了茂县叠溪海子这样的地震构造湖。

四川省有天然草地面积16.4万平方千米,是全国五大牧区之一。草原畜牧业是牧区经济的支柱产业和农牧民收入的主要来源。四川牧区是当年中国工农红军长征经过的雪山草地区域,对中国革命有着重大意义。著名的草原有阿坝州若尔盖大草原、松潘草原、红原大草原,甘孜州的塔公草原、宗塔草原等。其中,若尔盖大草原是四川省内最大的草原,面积近3万平方千米,由草甸草原和沼泽组成,素有"川西北高原绿洲"之称,是我国三大湿地之一,地势平坦,一望无际,人烟稀少。红军二万五千里长征曾多次经过这里,留下了许多可歌可泣的动人故事和革命遗址,使草原声名远播海内外。塔公草原是甘孜州最著名的草原,"塔公"系藏语"菩萨喜欢的地方"之意,位于海拔3730米的高原地带,面积712.37平方千米,地势起伏和缓,草原广袤,水草丰茂,牛羊成群。

四川属全国第二大林区,森林资源富集,森林覆盖率35.5%。全省天然

林面积16.274万平方千米，人工林面积7.106万平方千米；公益林（地）资源总面积17.598万平方千米，占林地总量的73.25%；商品林（地）资源总面积6.426万平方千米，占林地总量的26.75%；商品林总蓄积4.28亿立方千米，占全省活立木总蓄积的23.91%。全省森林资源分布不均，资源富集量按川西高山高原区、盆周山区、川西南山区、盆中丘陵区依次递减。横断山区和盆周山地是我国三大林区之一西南原始林区的主体，分布着大面积的原始森林，许多地方尚未受到人为破坏，拥有众多原生性保存良好的森林生态旅游资源。此外，盆中丘陵森林植被恢复迅速，不少地方已郁闭成林。

蕴量丰富的林业资源让四川生态旅游大放异彩。2015年四川省以发展生态旅游为抓手，突出重点，分阶段推进生态旅游精准扶贫，有效增强了四川民族地区的"造血"功能，秦巴山片区、乌蒙山片区、大小凉山彝区、高原藏区这四大扶贫重点区域纷纷走上了"旅游脱贫"的新路。四川2015年实现旅游总收入6210.5亿人次，同比增长27%；2016年实现旅游总收入4891亿元，同比增长超过26%；2017年上半年旅游收入3070亿元，同比增长超过28%。

（二）享誉天下的名胜

20世纪80年代四川省通过政府间合作、多边国际合作、国外非政府组织合作和交流，开展了生物资源保护和环境建设，相继在九寨沟、卧龙、王朗等自然保护区开展生态旅游试点，逐步扩展到全省范围，为四川生态旅游发展奠定了良好的基础。通过近30年的探索与实践，四川形成了以世界自然遗产、"世界人与生物圈保护区网络成员"、风景名胜区、森林公园、自然保护区和地质公园等生态旅游项目为主要载体，以森林观光、避暑、度假、野生动植物观赏、生态考察、科学研究和教育培训、环境保护等为主要内容的生态旅游活动形式。除了自然景观，四川民族地区吸引人们的，还有它那底蕴深厚、内涵丰富而神秘的民族文化，如彝海结盟、飞夺泸定桥、甘孜会师、巴西会议等为民族文化赋予了新的生命活力。优美的自然景观及多彩的民族文化,让四川民族地区拥有众多享誉天下的名胜。

四川发展旅游业具有得天独厚的资源和条件,这里自然风光旅游资源极为丰富,有世界自然遗产3处、世界文化遗产1处、世界双遗产1处,有国家级风景名胜区15个,是我国拥有世界自然文化遗产和国家重点风景名胜区最多的省份。

四川根据自然地理特征可划分为六大片区。川西高山高原地区是四川盆地与青藏高原的结合部位,属青藏高原东南缘和横断山脉的一部分,范围包括甘孜州、阿坝州和雅安市。南北地貌差异明显,北部为丘状高原区,南部为高山深谷区。丘状高原区地势表现为丘谷相间,谷宽丘圆,排列稀疏,气候寒冷;高山深谷区分布着岷山、邛崃山、夹金山、大雪山、沙鲁里山等大山脉,海拔都在4000米以上,矗立着多座海拔在6000米以上的山峰,如贡嘎山、雀儿山、格聂山等。本区幅员辽阔,地形复杂,有雪山、冰峰、深谷、流石滩、奇石等地文景观;有大江、瀑布、高原湖泊、冷泉、温泉、沸泉、高原沼泽湿地等水域风光;有烟雨、云雾、气候垂直分异等气象气候景观;还有原始森林、大草原、草甸、珍稀动植物、奇花异草等生物景观。另外,该区是藏、羌、彝等少数民族聚居区,民风民俗多姿多彩,极具魅力。区内有世界自然遗产九寨沟、黄龙、大熊猫栖息地,世界第一个"大熊猫研究中心"卧龙自然保护区,"蜀山之王"贡嘎山、"蜀山之后"四姑娘山、雪宝顶等多座对外开放的登山区,还有林丰水美、原始味道浓郁的卡龙沟和牟尼沟,名扬中外的跑马山,以红叶闻名的米亚罗,冰川森林公园海螺沟,"最后的香格里拉"稻城亚丁,浩瀚壮观的海子山古冰川大冰帽,丹巴美人谷,得荣太阳谷,二郎山国家森林公园,夹金山国家森林公园,龙苍沟国家森林公园,碧峰峡风景名胜区,蜂桶寨、喇叭河自然保护区和世界茶文化发源地蒙顶山等一大批高品位的自然生态旅游资源。该区域是我国自然景观资源最为丰富和最集中的区域，生态旅游资源原生性保持良好，是四川建设世界级生态旅游产品的重要区域。

川南的宜宾、泸州、乐山、内江、自贡等地属于丘陵低中山地区。区内气候温暖湿润，适宜多种林木生长，自然植被保存较好，植被覆盖率高。珍稀动植物有中华鲟、白鲟、华南虎、云豹、黑颈鹤、枯叶蝶、凤蝶、树蛙、珙桐、水杉、桫椤、连香树、银杏等。区内有以名山、江川、湖泊、瀑布、清泉、洞穴、石林和特殊植物为特色的自然资源，还有彝、苗、回、白、傣、黎、朝鲜族等少数民族文化旅游资源，自然景观和丰富的人文景观和谐统一。有世界自然与文化遗产峨眉山-乐山大佛，有地球上同纬度保存最完好、面积最大的佛宝-黄荆亚热带常绿阔叶林原始森林景区，有以大面积竹生态及竹文化为特色的国家重点风景名胜区蜀南竹海，有兴文石林及堪称"中国一绝"的大漏斗地质奇观，有极具特色的观光农业桂圆林景区等。该区生态旅游资源的最大特点是岩溶景观发育好，竹林规模大，亚热带阔叶林原始森林保存好，是四川发展低海拔山水型自然生态旅游的重点地区。

川西南中山峡谷地区位于青藏高原东部横断山系中段，范围包括凉山州和攀枝花市，是攀西阳光度假旅游区的主要载体。该区以中山峡谷为主，94%的面积为山地，山脉多数为南北走向，呈"两山夹一谷"之态，气候温和，日照充足，四季分明，气候和植被垂直分异明显。区内有螺髻山、邛海、泸山、二滩国家森林公园与二滩水库、攀枝花苏铁国家级自然保护区、大风顶国家级自然保护区、攀西大峡谷地质景观、红格温泉、泸沽湖等水域景观，以及彝族文化、摩梭文化等民族风情。另外，该区阳光充足，尤其是冬季日照时间长，是四川开展冬季阳光生态度假旅游的适宜地区。

川东丘陵地区包括遂宁、广安和南充。该区侏罗纪与白垩纪红色砂岩、页岩和泥岩分布广泛，素有"红色盆地"之称。区内温暖湿润，适宜各种亚热带植物生长。近年来，森林植被恢复迅速，众多丘陵"绿洲"基本形成，森林覆盖率大大提高，部分县（市）已达40%以上。区内还有众多的大中小型水库，是四川人工水体最密集的地区。该区建设了一批自然保护区和森林公园，如邻水倒须沟自然保护区、华蓥山、金城山、罗解洞、灵宝山等森林公园。此外，还有特色鲜明的"中国死海（盐湖）"。这些都是该区发展生态旅游的重要资源基础。

绵阳、广元、巴中、达州等市属于川北、川东北低中山地区，气候温暖湿润，地处南北过渡地带，山地生态系统复杂，生物气候过渡性特点明显，动植物种类丰富，岩溶地貌发育，多峰丛、陡岩、落水洞、暗河和溶洞。区内大巴山-米仓山南麓低中山区地质构造复杂，地势较陡峭，米仓山主峰光雾山海拔2567米，大巴山主峰海拔2767米，山势雄伟，切割强烈，风景秀丽。该区拥有剑门蜀道翠云廊，秀丽多彩的喀斯特地貌景观南江光雾山，钟乳石景观造型精美、玲珑剔透的通江诺水河，天然画屏窦圌山，国宝大熊猫栖息地青川唐家河国家级自然保护区，王朗自然保护区以及江油观雾山、玳瑁山，安县罗浮山等生态旅游资源。此外，该区溶洞和湖泊甚多，主要有江油佛爷洞、白龙宫、金光洞、银光洞，北川猿王洞，安县砾宫，广元白龙湖，安县白水湖等。

包括成都市、眉山市、德阳市、资阳市在内的平原地区以平坝、台地为主，海拔300—700米，四周为海拔1000—4000米的山地所环抱。区内气候温和，雨量充沛，河网密布，凭借世界著名水利工程都江堰之利，水旱从人，沃野千里，物产丰盛，历史悠久，古迹遍布。成都平原四周山地植被葱郁，森林茂密，主要旅游景区有世界文化遗产青城山-都江堰，国家重点风景名胜区大邑西岭雪山、花水湾温泉，国家级森林公园龙池、瓦屋山、天台山和白水河，还有崇州九龙沟、邛崃天台山、大邑鹤鸣山；水域风光有龙泉湖、朝阳湖、三岔湖、石象湖、黑龙滩、槽渔滩、都江堰、黄龙溪等；特色观光农业景观有龙泉花果山，三圣乡花卉，温江、郫都区苗圃等，此外还有众多

分布在大中城市周边的农家乐。

以上旅游资源能够支持观光、休闲度假、科考、探险、登山等多种生态旅游活动。景区集中连片分布，多种多样的自然景观、气候类型和各具特色的民族文化在地域上的组合，形成多个风格各异的生态旅游资源区，而且原生性保存好，特色突出，品位高，空间组合配套好，东西部差异明显，互补性强。

（三）极具韵味的线路

四川生态旅游开发较早，凭借优美的自然环境和丰富的民族历史文化条件，到目前其旅游格局已经形成，成熟的精品旅游线路极具特色。

第一条是九环线。九环线是四川的一条重要旅游线路。该线路以大九寨国际旅游区为核心旅游目的地，串联都江堰-青城山旅游区、三星堆古遗址文化旅游区等国际旅游精品，地域范围涉及成都市、德阳市、绵阳市、广元市和阿坝州等地区。线路构成：成都—都江堰—汶川—茂县—黄龙—九寨沟—平武—江油—成都。该路线主要以自然生态和民族文化为特色，主要景点有九寨沟-黄龙世界自然遗产景区、叠溪海子、牟尼沟、王朗、唐家河、小寨子沟、若尔盖-红原、黄河九曲第一湾、纳摩神居峡、月亮湾、达格则神山、古尔沟温泉、毕棚沟、卡龙沟、达古冰川、九顶山、汶川三江等景区；主导的生态旅游产品有"童话世界"游、"人间天堂"游、三国文化游、大熊猫探秘游、黄河大草原游等。

第二条是西环线。西环线地处青藏高原南缘与成都平原连接处，沿线不但有神奇多样的自然生态旅游资源，还有丰富的人文生态旅游资源。线路构成分两条：大西环线，为大熊猫生态、冰川探险及康巴风情之旅，即成都—都江堰—卧龙大熊猫保护基地—巴郎山—小金四姑娘山—丹巴甲居、梭坡古碉群—康定—跑马山、木格措—泸定桥—磨西镇法国天主教堂、海螺沟二号

第一章　自然胜地

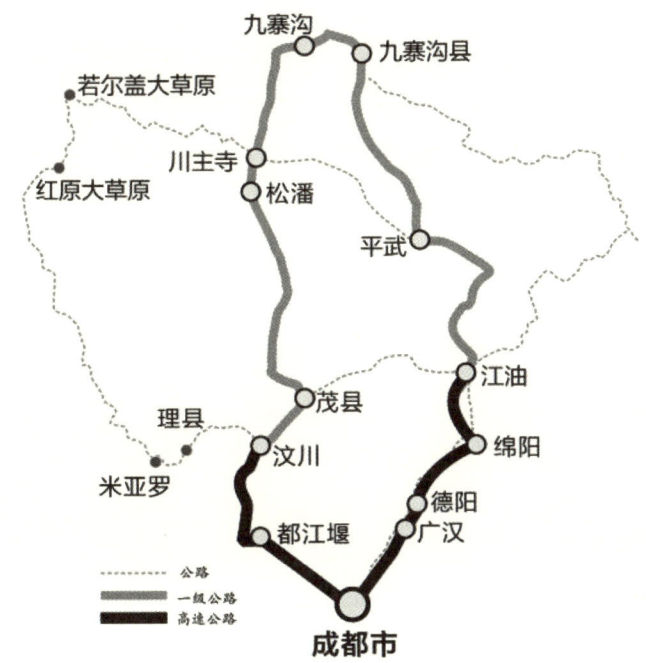

图1-1　九环线线路图

营地温泉、海螺沟冰川—雅安碧峰峡、高颐阙、上里古镇、周公山温泉—成都；小西环线，仅为大熊猫生态之旅，即成都—都江堰—卧龙—小金达维红军桥—硗碛藏族乡—宝兴蜂桶寨—雅安碧峰峡—成都。该条线路以大熊猫、冰川、温泉为特色，以大熊猫栖息地科学考察和温泉度假为主要旅游活动项目，兼顾探险、登山等专项生态旅游活动。主导的旅游产品有川西自然生态游，大熊猫生态观光游，四姑娘山自然生态观光、度假、登山探险游，海螺沟冰川观光、温泉度假游，雅安蜂桶寨、碧峰峡大熊猫生态观光游、周公山温泉度假游等。

021

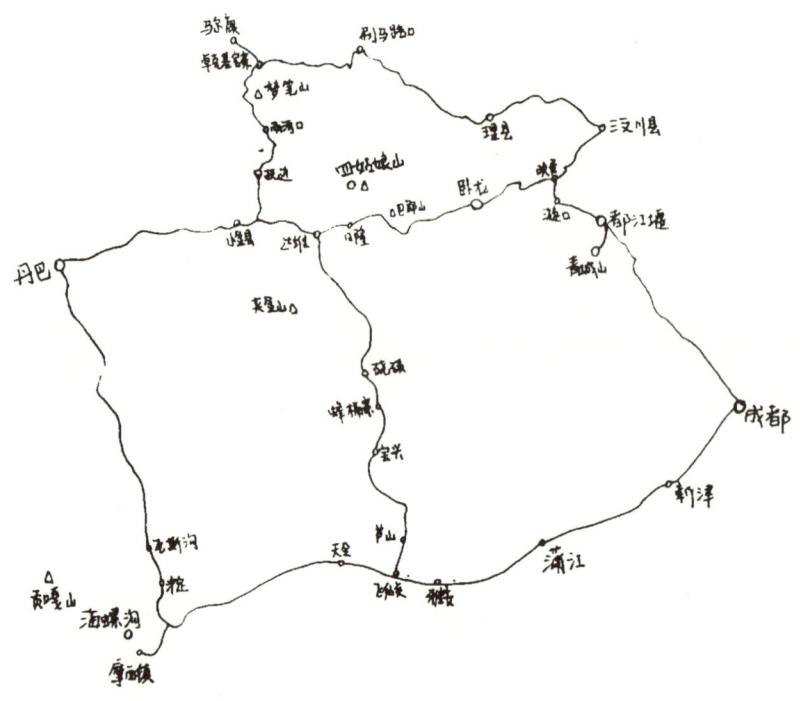

图1-2 川西大小环线旅游线路图(王海燕绘)

第三条是川南生态文化旅游线。该线路有丰富的生态旅游资源,包括"中国第一山"峨眉山、蜀南竹海、石海洞乡、玉蟾山、僰王山等一大批著名的旅游景区,以及自贡市恐龙博物馆、燊海井、盐业历史博物馆和宜宾五粮液工业园等景点。线路构成:成都—乐山—峨眉山—荣县—自贡—宜宾—泸州—成都。主导的生态旅游产品有峨眉科考游、恐龙之乡游、竹海休闲度假游、洞乡探秘游、苗乡风情游。

第四条为川东自然山水(红色)旅游线。川东是四川主要农业地区,长期以来坚持"退耕还林(草)""长江上游防护林建设"等项目,打造出极具吸引力的特色生态旅游项目。该线路以奇峰、异洞、河流(嘉陵江、诺水河)、森林公园等自然生态旅游资源为依托。线路构成:成都—广元—巴

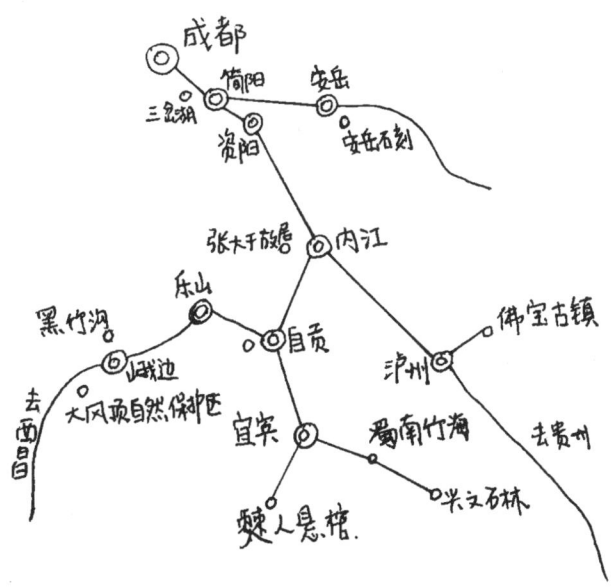

图1-3 川南生态文化旅游线路图（王海燕绘）

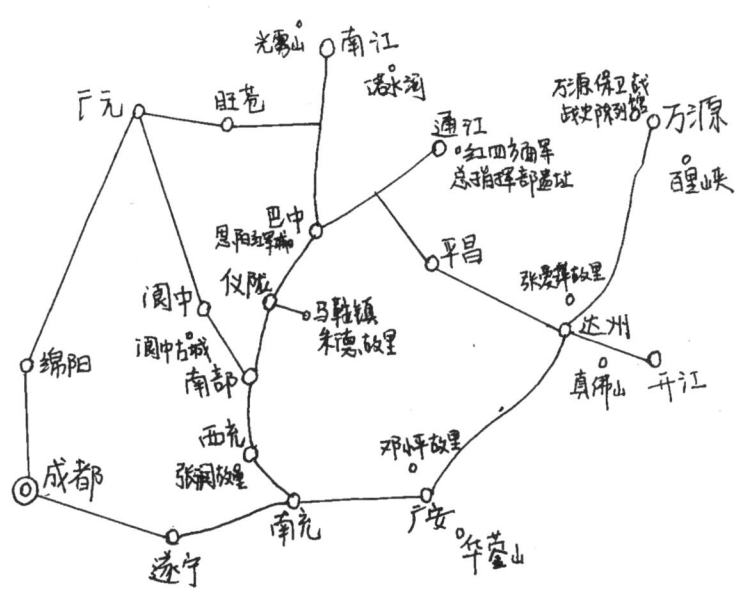

图1-4 川东自然山水（红色）旅游线路图（王海燕绘）

中—达州—广安—南充—成都。近年来，广安作为邓小平的故乡，在打造红色旅游方面也颇具特色。主导的旅游产品有华蓥山生态观光游、光雾山-诺水河探险漂流游、红叶观光游、百里峡漂流游等项目。主要景点有光雾山、诺水河、明月峡、剑门关、南充西山、锦屏山、八台山、花萼山、百里峡、华蓥山等自然风景以及小平故里、红色文化影视城等历史文化景点。

第五条为攀西阳光生态旅游线。该线路位于四川西南部，包括攀枝花市和凉山州大部分区域，因地区阳光充足，适合度假而得名，阳光、珍稀动植物、土林、温泉、湖泊、原始森林、高山草坪、峡谷和少数民族风情为其主要特色，是开展休闲度假、漂流探险、阳光生态游和少数民族文化体验等旅游的最佳目的地。线路构成：成都—乐山—峨边—汉源—石棉—西昌—盐源—攀枝花—成都。主导的旅游产品有彝族文化、摩梭母系氏族文化探秘考察游，金沙江干热河谷生态景观游、阳光温泉度假游（普格温泉、红格温泉、昭觉温泉、西昌川兴温泉）、生态农业与园艺观光游（安宁河生态农业、花卉基地、邛海生态渔业、盐源苹果基地）。主要景点有泸沽湖、邛海、大凉山、二滩水库、螺髻山、土林、大风顶、黑竹沟、安宁河峡谷地带、攀枝花格萨拉生态旅游区、红格温泉等。

第六条为香格里拉探秘旅游线。香格里拉以雪山、高原、牧场、草原、寺庙、高山湖泊为特色，线路构成：成都—康定—理塘—稻城亚丁—乡城—大小雪山—香格里拉—成都。线路上的景点有跑马山、长青春科尔寺、仁康古街、毛垭草原、格聂山、海子山、红草地、仙乃日、央迈勇、夏诺多吉、洛绒牛场、牛奶海、克麦村、白藏房、香巴拉七湖、巴姆神山、巴塘措普沟、竹巴笼自然保护区等景区。该区域原生性特色地域文化与自然生态旅游有机结合，形成了香格里拉秘境游、太阳谷探险游、海子山科考游、温泉度假游等主导旅游项目。

三、生态资源的宝库

四川幅员辽阔，历史悠久，拥有巴蜀先民勤劳智慧的结晶，自古以富饶的物产、秀美的山川被誉为"天府之国"，如三星堆、都江堰、乐山大佛等，均是人类文明的千古绝唱。四川囊括多个气候带的垂直气象景观，是生物多样性的宝库，蕴藏着丰富的自然资源，是中国最大的水能开发基地，已探明的地下矿藏有132种，其中46种的储藏量位居中国前五位，钒钛和稀土拥有量名列世界前茅；水电资源可开发量超过1.1亿千瓦，是中国最大的水电开发和西电东送基地；大自然造就了千条江河、万座青山，留下了九寨沟、峨眉山等许多美不胜收的旅游景观，蜚声中外。多样的生态气候资源孕育了丰富的物产。四川历来是中国西部农业生产基地，也是中国三大林区、五大牧区之一，其粮食、油菜籽、生猪、柑橘等产量居全国之冠；茶叶、生漆、桐油、中药材、银耳、山羊皮等农副土特产品质量好、产量高，在国内外享有较高的声誉；还拥有独具特色的大樱桃、红脆李、有机蔬菜、荞麦茶、食用菌、蓝莓、沙棘、牦牛肉干等高原生态农产品。

（一）囊括多个气候带的垂直气象景观

四川是中国气候带最多的省区，气候类型多样，地域差异大，垂直分异明显。东部盆地属湿润温暖的东南季风气候，冬暖春早、夏热秋凉，多云雾，年均气温在14℃—19℃，年总降雨量在900—1200立方毫米。川西北部分地区呈长冬无夏的高原高寒气候，平均海拔3000—5000米，高山上的植被以草甸为主。川西高山峡谷地区，气候垂直分异显著，在亚热带的基带上，依次出现暖温带、温带、寒温带、永冻带等山地立体气候，植被以常绿阔叶林为基带，往上依次为落叶阔叶林、针阔混交林、针叶林、高山草甸、高寒

荒漠，故有"一山有四季，十里不同天"之说。川西南为冬干夏湿的西南季风气候，冬暖夏凉、日照充足、降水集中，旱季雨季分明，气候复杂多样，形成了四川境内变幻多彩的自然气象景观。

川西北地貌以高原和高山峡谷为主。长江上游主要支流岷江、大渡河纵贯全境，也是黄河流经四川的唯一地区和黄河上游的重要水源地。气温自东南向西北随海拔由低到高而降低，西北部的丘状高原冬季严寒漫长，夏季凉寒湿润，谷地宽展，阶地广布，并有沼泽发育，以东北部的若尔盖地区沼泽面积为最大。高山峡谷地带的气候随海拔高度变化呈现明显的垂直性差异，根据切割深浅可分为高山原和高山峡谷区。主要山脉有岷山、巴颜喀拉山、牟尼芒起山、大雪山、沙鲁里山。大雪山主峰贡嘎山海拔7556米，它不仅是四川第一高峰，也是世界著名高峰。大部分地区年均温0℃—6℃，极端最低温-20℃以下，石渠为-38.9℃，有"四川寒极"之称，10℃以上活动积温1000℃—1500℃，全年长冬无夏，春秋相连，为四川热量最低地区。海拔4000米以上地区种植业绝迹，4000—4200米则为森林分布的上限。除河谷和谷坡外，大部分地区以牧业为主，是四川主要牧业基地。

以川西北羌族聚居区为例，该地区气候上属季风气候，冬季寒冷漫长，夏季温热短暂，干雨季分明，垂直差异大。由于多山及地形起伏，土壤植被呈规律性垂直变化。羌族大致分布于海拔1000—4000米的地区，生产以农耕为主，兼及牧业。农作物有玉米、青稞、荞麦、小麦等，同时兼养牛、羊、马、猪、鸡等畜禽。

表1-2　羌族生业方式及海拔分布表（张曦制）

高度	气候	地理状况	生业
3500—4000米	亚寒带 山地寒温带	草原及部分森林地带	中草药、山货、牦牛、羊、牛、马
3000—3500米	山地寒温带 山地凉温带	草原及森林地带 高山田地	牦牛、羊、牛、马、猪、中草药、山货、青稞、荞麦

续表

高度	气候	地理状况	生业
2500—3000米	山地凉温带 山地温暖带	高山田地及部分森林地带	牦牛、羊、牛、马、猪、中草药、山货、小麦、玉米、青稞、荞麦、蔬菜、花椒、土漆、蜡、蜂蜜
2000—2500米	山地温暖带	梯田、河谷地带	苹果、梨、桃、羊、牛、猪、小麦、玉米、蔬菜、花椒、土漆、蜡、蜂蜜
1000—1500米	山地温暖带	梯田、河谷地带	苹果、梨、桃、羊、牛、猪、小麦、玉米、蔬菜、大米、花椒、土漆、蜡、蜂蜜

川西南地区是典型的高原山地，地形复杂，既受东南季风和西南季风的影响，又受青藏高原季风的控制。川西南地区土地资源非常丰富，土地总面积达77707.40平方千米，总耕地4406.72平方千米。安宁河流域最大的西昌坝子是仅次于成都平原的四川省第二大平原，被称为川西南粮仓。川西南地区水资源总量丰富，过境水有金沙江、雅砻江、安宁河等河流，但时空分布不均，降水的区域变化总趋势为北多南少、东多西少。该区地势高亢，空气稀薄，太阳年辐射量和年日照时数均居四川省之最。丰富的光能资源在一定程度上弥补了地高天寒、热量不足的缺陷，因而种植业、林业、牧业上限均高于四川省其他地区。

（二）生物多样性的宝库

四川地处中亚热带季风气候区，位于我国陆地地势三级阶梯中的一、二级阶梯之间，地形复杂多样，生物多样性丰富，境内的横断山区更是全球生物多样性热点研究区之一。特殊的地理气候特点，造就了种类繁多的生物物种，其生物多样性居全国第二位，主要包括森林、草原、草地和野生动物栖息地等。其中，川西地区自然带谱完整多样，垂直带谱变化明显，多种多样的植被

类型、生态与生态系统类型、自然景观类型在我国乃至世界都是少有的，是我国重要的生物物种宝库和资源基因库，是全国著名的种子植物起源分化中心，是全世界生物多样性保护的25个热点地区之一，成为国际生物多样性保护同盟重点关注的区域和世界自然基金会选定的"全球200个生态区域"之一。

四川的植物资源优势明显，在全国具有重要地位，概括起来主要有三个特点。第一，植物资源极为丰富。全省拥有种子植物191科1520属8553种，其中高等植物1万余种。85种植物被列入国家级重点野生植物保护名录，其中国家Ⅰ级重点保护野生植物18种，国家Ⅱ级重点保护野生植物55种。全省裸子植物种类居全国第一位，蕨类植物和被子植物种类居全国第二位，植物种质资源无论是种类还是数量在全国都居重要地位。第二，植物资源具有高度特有性。四川地理位置特殊，有独特多样的地质地貌、气候和土壤条件，生态环境复杂多样，加之第四纪冰川影响不大，使四川特有种植、孑遗植物和珍稀濒危植物种类繁多，植物区系起源古老。第三，野生经济植物资源异常丰富。全省有各类野生经济植物5500余种。一是药用植物种类占全国药用植物种类的80%以上，居全国第二位；所产中药材占全国药材总产量的1/3，是全国最大的中药材基地。同时，四川所产的中药材具有稀缺名贵、特产多、质量优的特色，中药材资源在全国占有重要地位，素有"天然药库"之称。二是四川还有芳香及芳香类植物300余种，是全国最大的芳香油产地。三是可作为食品加工的野生果类植物达100多种，其中以猕猴桃资源最为丰富，居全国之首。

四川还拥有100余种包括国宝大熊猫在内的珍稀动物，1259种野生脊椎动物。陆上野生脊椎动物物种数量总共有1207种，两栖类113种，爬行类132种，鸟类708种，哺乳类254种。其中兽类和鸟类约占全国的50%以上，属于国家保护的有140多种。四川野生动物栖息地分布广，自然保护区多。截至2012年底，全省共建立野生动植物栖息地和湿地等各类型自然保护区179个，其中国家级27个，省级65个。卧龙、九寨沟、黄龙被联合国教科文组织列入世界生物圈保护区网和世界自然遗产目录。目前已建立大熊猫栖息地自然保护区40个，总面积2.2万平方千米，分布于岷山山系、邛崃山系、凉山山系和大小相岭，近50%的大熊猫栖息地和近60%的野生大熊猫个体在大熊猫自然保护区内得到了有效保护。全省现有10个市（州）33个县（市、区）159个乡镇有大熊猫分布，野外大熊猫数量占全国的76%；大熊猫栖息地面积1.77万平方千米，占全国的77%；人工圈养大熊猫种群数量占全国的85%。川金丝猴栖息地自然保护区13个，其中白水河、王朗、雪宝顶为国家级自然保护区；白唇鹿栖息地自然保护区10个，有白玉察青松多、海子山两个国家级保护区，另外还包括巴塘、天全、木里、汶川、松潘等地方自然保护区；黑颈鹤栖息地自然保护区3个，其中若尔盖、红原、松潘范围内的若尔盖湿地自然保护区是黑颈鹤非常重要的栖息地。另外还有丰富的其他珍稀野生动物栖息地。自然保护区已基本涵盖了我省天然林区生物多样性最丰富的精华地带、自然风光最优美的名山大川以及川西高原沼泽和横断山脉物种富集区域，组成了类型多样、保护价值极高的自然保护区网络。四川的生物多样性已经成为重要的生态旅游资源，是开展大自然探秘、森林浴、野生动植物科考及观赏、科普教育、生态观光、休闲度假、疗养等生态旅游活动的重要资源载体。

（三）独具特色的高原生态农产品

四川位于亚热带范围内，西部高原在地形作用下，以气候带垂直分布为主，从南部山地到北部高原，由亚热带演变到亚寒带，垂直方向上有亚热带到永冻带的复杂气候类型，孕育出独具特色的高原生态农产品。

川西北高原的牦牛全身都是宝，牦牛奶、牦牛肉驰名中外。牦牛肉有低糖、低盐、低脂肪，高营养、肉质鲜嫩的特点，是符合当今世界广大消费者

图1-5　松潘小姓乡牦牛（王海燕摄）

绿色需求的食品。牦牛奶含丰富的蛋白质、脂肪、乳糖、维生素等，因牦牛长期生活在无污染的天然草场，所以，牦牛奶及其乳制品为人们公认的绿色食品。羊肚菌因菌盖表面有不规则多面形凹窝，皱褶似羊肚而得名。羊肚菌肉质脆嫩，味道鲜美可口，营养丰富，堪称山珍之佳品。石巴子是一种雪山鲢鱼，只生长在高原，喜欢生活在低温急流的河水中，肉质鲜嫩，无鱼刺。雪山大豆又叫雪豆，呈猪腰形，个体大，营养成分丰富，含有蛋白质、钙、维生素B及其他营养成分，是豆类中的"营养之王"。

川西北高原虽然大部分地区的气候特点相似，但由于地理、土壤等因素影响，各个地区又有小气候环境。阿坝州是著名的"生物基因宝库"，是名、特、优、稀水果和反季节蔬菜的优良种植区，初步形成了酿酒葡萄、优质蔬菜、特色果业、特色马铃薯、优质高原中低温食用菌和道地中药材产业六大种植业特色产业。作为全国五大牧区之一，有优质天然草场4.22万平方千米，绿色食品资源开发前景广阔。2015年，全州特色农产品产量126万吨，粮食总产量16.69万吨，肉产量8.32万吨，奶产量11.88万吨。阿坝州有野生中药材1900余种，年生长量8.5万吨，贝母、红豆杉、黄芪、红景天、党参等名贵药材和羌活、秦艽、大黄等大宗药材十分丰富。甘孜州有天然草地9.3万平方千米，牲畜以牦牛、藏系绵羊为主，畜种优良、肉质鲜美、无污染，且以出产虫草、鹿茸、贝母、麝香、天麻等名贵中药材闻名。茂县、小金、巴塘等地的苹果含有丰富的维生素C，硬度大，耐贮藏。优质优产的汶川甜樱桃让汶川县先后囊获"樱桃之乡""甜樱桃基地"称号。汶川红脆李、茂县枇杷都形成规模种植，汶、茂二县也是国家A级绿色食品生产基地。九寨沟自古以出产品质极佳的柿子，近年九寨沟柿子多次参加国际、国家级农产品博览会，深受好评，获"名优农产品"称号。丹巴的石榴在清代曾做贡品。金川县是"中国雪梨之乡"，因金花梨而享誉全国，国家绿色食品发展中心经严格审查，认定金川金花梨为绿色食品。泸定沙湾的贡川梨、王皮梨有200多年的栽培历史，味甘浓香。理县、得荣县的核桃有"露仁核桃"之称，是一种健康味美、营养丰富的天然绿色营养食品。茂县和九龙的花椒，椒香味麻，是畅销内地的无公害自然绿色特产。理县是特色现代农业生态示范园，其大白菜种植发展早，现在已初具规模，是成都市场秋季蔬菜供应的主力军。黑水县延续了凤尾鸡的传统养殖方式，以特色、生态、有机为重点，发展了生态蔬菜、藏香猪、早实核桃、凤尾鸡、道地药材、阿坝蜂六大产业，大部分农产品都获国家地理标志认证。雅江县、小金县还以出产松茸驰名中外。松茸生长于海拔2800—4500米的高山丛林地带，是一种纯天然的珍稀名贵食用菌类，被誉为"菌中之王"，也是唯一不能人工培植的野生菌类，为天然绿色食用菌。理塘的黄芪，曾在广交会上被评为全国上等。雪莲花各县均产，以石渠、色达所产尤为著名。川贝是润肺消炎、镇咳化痰的名贵药材，尤以松潘贝母为代表，获得国家地理标志认证。另外还有泸定县的香桃，小金、金川一带的沙棘都具有很高的食用、保健价值。

图1-6 汶川甜樱桃（王海燕 摄）

图1-7 小金松茸等各种菌类（王海燕 摄）

川西南高原上，攀枝花是全国唯一以花为名的城市，全年日照数2700小时，仅次于拉萨，属干热河谷气候，全年气温高，适合热带植物生长。攀枝花是世界上两大野生块菌天然分布区之一的中心区域，块菌年产量占全国近1/2，2008年被授予"中国块菌之乡"称号，获国家地理标志认证。"攀枝花"牌芒果在2009年成功申请国际注册商标，并获得良好农业规范（GAP）认证，取得欧洲市场准入证，产地主要在攀枝花市的盐边县、米易县、仁和区这三个地区。盐边桑蚕是出口的免检产品。2012年盐边桑葚获得国家地理标志认证。另外，攀枝花还有石榴、嚓嚓鸡、中坝草莓、国胜茶叶、红格脐橙，米易枇杷、红糖等特产。嚓嚓鸡肉质鲜美多汁，耐咀嚼，鸡蛋胆固醇低，是绿色天然的滋补食品。

凉山盛产粮、油及中药材、烤烟、甘蔗、水果、鲜花等经济作物。凉山的苦荞茶、手撕牛肉、桑蚕茧、洋芋、西昌洋葱、美姑山羊，德昌香米，盐源苹果，建昌板鸭，马湖莼菜，金阳白魔芋、青花椒，盐源辣椒，会东、会理的黑山羊、洋芋，会理的石榴，雷波的脐橙、罗汉竹笋，越西的贡椒都久负盛名。

马边以茶叶、水果、桑蚕、山葵、中药材为主要经济作物。马边山峦起伏，气候温和，雨水充沛，是中国西部地区发展名优绿茶最适宜的区域之一。其所产"白岩迎春""永山玉叶"等曾多次荣获"陆羽杯"奖和"甘露杯"奖。

第二章

重要成员

四川民族读本

第二章 重要成员

四川地区历史上处于"藏羌彝走廊"核心地带，千百年来各民族在这里交汇、接触、交融、繁衍，汉、藏、彝、羌、回、蒙、纳西等十多个民族在漫长的历史发展过程中，在四川地区和谐共处，相互依存，共同开发了这一片美好家园，生动地体现了各民族相互依存、"你中有我，我中有你"的事实。

一、主要民族的形成历史

（一）藏族支系

四川藏族主要聚居在甘孜藏族自治州和阿坝藏族羌族自治州，另有部分藏族分布在凉山彝族自治州木里藏族自治县及平武、北川、宝兴、石棉、汉源、冕宁、甘洛、越西、盐源等县的藏族乡或藏族羌族乡、藏族彝族乡，还有少数散居在四川其他各市、区内。

四川地区的藏族是南下的氐羌各部落与东渐的吐蕃在血缘、文化方面相互融合，并且在漫长的历史长河中吸收了汉、蒙、羌、纳西等诸多民

族的血缘与文化形成的。据历史记载，春秋战国时期，生活在黄河流域甘、青地区的古羌人向西、西南迁徙至今甘孜、阿坝等地，与原居于此的世居居民相互融合，建立诸羌部落，他们是藏族的先民。公元7世纪，雅鲁藏布江雅隆河谷的悉补野部落崛起，征服高原诸羌部落，建立吐蕃王朝。吐蕃通过政治上的兼并和文字上的统一，以藏传佛教为纽带促进文化认同，使高原各部族逐渐融合，经过几个世纪，到公元11—13世纪的宋、元时期才基本形成一个民族。元代，笼统称四川藏族为"土番""蕃"或"番"。经过明清两代的发展，到民国时期，现代意义上的民族逐渐形成，被泛称为"西番"或"番"。新中国成立后，各地统一以藏族为族称。

藏族的形成是个漫长、复杂的过程，藏族形成以后仍不断有其他民族以各种方式融入，形成了今天四川地区成分复杂、支系繁多、有自己独特方言的藏族支系。四川除分布着康巴、安多两个大支系外，还有嘉绒、木雅、尔龚、扎巴、却域、贵琼、白马、尔玛、普米、尔苏、多续、里汝、史兴等十多个小支系。其分布情况如下：

1. 康巴

康巴藏族自称"康巴""博巴"，藏语义为"康（区的）人"，操藏语康方言。康巴藏族传统上主要分布在甘孜藏族自治州的德格、石渠、白玉、巴塘、理塘、得荣、乡城、稻城、新龙、雅江、甘孜、炉霍、道孚、丹巴、康定等市（县）以及凉山彝族自治州木里县的部分地区。

2. 安多

安多藏族自称"渥特""安多哇"，为草地藏民，操藏语安多方言。安多藏族传统上主要分布在甘孜藏族自治州的色达、石渠两县以及阿坝藏族羌族自治州的阿坝、若尔盖、红原、壤塘、松潘、九寨沟和黑水的部分地区。

3. 嘉绒

嘉绒藏族全称"嘉莫察瓦绒"，意为"女王的温暖河谷"，自称"格

图2-1 嘉绒服饰（一）

图2-2 嘉绒服饰（二）

如"，操嘉绒语。嘉绒藏族主要分布在阿坝藏族羌族自治州的马尔康、金川、小金、理县、黑水，甘孜藏族自治州的丹巴，雅安市的宝兴等市（县）。①

4. 木雅

木雅藏族自称"木尼洛""木雅"或"弥药"，操木雅语。其中，自称"木雅"的藏族主要分布在甘孜藏族自治州的康定、九龙、道孚、雅江等市（县）。②

图2-3 木雅妇女（任新建提供）

5. 尔龚

尔龚藏族自称"布"，操尔龚语，主要分布在甘孜藏族自治州的道孚、丹巴、炉霍、新龙等县及阿坝藏族羌族自治州的马尔康、金川、壤塘等市（县）。

---

① 王怀林：《寻找东女国：女性文化在丹巴到泸沽湖的历史投影》，成都：四川民族出版社，2007年，第73页。

② 格勒：《藏族早期历史与文化》，北京：商务印书馆，2006年，第275页。

6. 扎巴

扎巴藏族自称"扎"或"扎贝",操扎巴语,主要分布在甘孜藏族自治州的雅江、道孚、康定等市(县)。

图2-4 扎巴人(任新建提供)

7. 却域

却域藏族自称"贝子",操却域语,主要分布在甘孜藏族自治州的雅江、道孚、康定等市(县)。

8. 贵琼

贵琼藏族自称"贵琼"或"顾羌",操贵琼语,主要分布在甘孜藏族自治州康定市大渡河两岸鱼通、金汤、孔玉等地,泸定、天全也有少量分布。

9. 白马

白马藏族自称"贝",操白马语,主要分布在阿坝藏族羌族自治州的九寨沟县、绵阳市的平武县以及甘肃省的文县。

10. 尔玛

尔玛藏族自称"尔玛"或"尔麦",与羌族自称相同,主要分布于阿坝藏族羌族自治州的黑水县。

11. 普米

普米藏族自称"普米""拍木依",与云南普米族自称相同,操普米语。普米藏族主要分布在凉山彝族自治州的木里、盐源等县以及甘孜藏族自治州的九龙县。

12. 尔苏

尔苏自称"尔苏""鲁苏""布尔日",操尔苏语,主要分布在雅安市的石棉、汉源以及凉山彝族自治州的甘洛、越西等县。

13. 多续

多续藏族操多续语,主要分布在凉山彝族自治州冕宁县安宁河流域。

14. 里汝

里汝藏族自称"鲁汝",操里汝语,主要分布在凉山彝族自治州的冕宁、西昌、盐源、木里等市(县)及甘孜藏族自治州九龙县。

15. 史兴

史兴藏族自称"史兴""舒恒",操史兴语,主要分布在凉山彝族自治州木里县水洛乡。

(二)彝族的族源和历史沿革

四川有中国最大的彝族聚居区,据第6次人口普查数据,四川彝族人口共计264.4万人,主要集中在川西南凉山彝族自治州境内及乐山市的马边彝族自治县、峨边彝族自治县,攀枝花市仁和区及米易县、盐边县,雅安市汉源、石棉两县,甘孜藏族自治州的九龙、泸定两县,宜宾市的屏山县,泸州市的古蔺、叙永两县。其中凉山彝族自治州是四川彝族的主要聚居区,凉山州的昭觉、布拖、美姑、喜德、金阳、越西、普格、甘洛为大凉山腹心地区,彝族居住密集;盐源、盐边、冕宁、西昌、德昌的彝族与汉、蒙、傈

僳、纳西等族杂居；木里藏族自治县的彝族与藏族杂居。

彝族，有诺苏、纳苏、罗武、米撒泼、撒尼、阿西等不同自称。新中国成立后，党和政府根据广大彝族人民的意愿，将"彝"作为统一的民族名称。有关四川彝族的来源，学术界至今没有统一的说法，"外来说"和"世居说"均有。其中，"外来说"又分为东、南、西、北、中五种说法，尤以"北来说"较为普遍。"北来说"认为居住在中国西北地区的古羌人沿岷江而下时，其中一部分到达川西南凉山地区，彝族是古羌人南下在长期发展过程中与世居族群不断融合而形成的民族。"南来说"则认为，彝族是"古夷越人"或古僚人的后裔，其根据是僚人诸多习俗与彝族习俗相同或相似，有史料表明古时候的"彝"也写为"夷"。"东来说"认为彝族是古楚国人的后裔，即庄蹻入滇时的楚军的后裔，根据是楚方言和楚国出土的漆器与彝族语言和彝族漆器相似。"西来说"则认为彝族是从中亚细亚迁往印度的雅利安人沿南方丝绸之路来到中国西南地区安家落户的，其根据是彝族人的体型特征与雅利安人相似。

凉山彝族则认为自己是世居民族，并认为云南是彝族的发祥地，今川、黔、桂各地彝族皆发源于滇，彝族古代是与四川地区的巴人、蜀人、濮人同等的一个民族，他们自"六祖"分支后，逐渐由云南迁徙到各地。根据凉山彝族民间的普遍传说，凉山彝族的直系祖先为古侯、曲涅两个原始部落，居住在今云南昭通一带的兹兹蒲武。从西汉时起，两部落经数次迁徙，进入今四川凉山地区，再扩展到四川各地，整个过程一直持续到明清时期。

据历史记载，安宁河流域、云南洱海周围及以东广大地区和滇池一带，是彝族先民最早的分布地区。随着经济的发展，他们的居住地不断扩大。在公元3世纪以前就扩展到滇东北、滇南、黔西北等地区。西汉时期居住在安宁河流域的邛人和叟人与今彝语支各族的先民有关。汉晋时，汉王朝在叟人居住的南中地区设置郡县，在邛都部落联盟的基础上设越嶲郡，辖今四川凉山州。汉文献记载,彝语支各族先民之一昆明人的主要活动地区在益州郡和越嶲郡西部,他们逐渐与濮人融合。彝族先民另一支叟人在迁徙的过程中,与牂牁、越嶲两郡的濮人发生了不少争斗,濮人被迫向北迁徙,进而引发了公元4世纪的"僚人入蜀"。彝族先民从此时起大量迁入凉山地区,原来居住在凉山的濮人往北迁徙逾大相岭进入严道、临邛地区。到唐代,大量彝族先民不断进入凉山地区,彝族成为四川凉山地区的主要居民。唐宋时期,彝族是"乌蛮"的组成部分,凉山地区属嶲州,雷波、马边、屏山属戎州,居住在这些地方的是以勿邓为首的勿邓、两林、丰琶东蛮三部落和以董春乌蛮为首的马湖部落及阿都部落。宋代,在凉山地区的仍然是东蛮三部落,称"邛部川",或"邛部川蛮"。

元初,元朝统治者实施土司制,在以落兰部为首的乌蛮地区设置罗罗斯宣慰司。"落兰",亦"罗罗"的谐音,其后"罗罗"被汉族用来概称其他各地的彝族先民。元朝统治者还在四川彝族地区任命原有部落首领"兹莫"为土司,加强管理,但并未改变彝族社会的奴隶制性质,大小土司就是当时奴隶主阶层的大小头目。明清两代承袭元朝的土司制度。明王朝镇压贵州水西部彝族土司安邦颜和永宁土司奢崇明;清初吴三桂攻打水西部,黔西、滇东北的彝族又两次大规模向凉山迁徙;雍正年间,云贵总督鄂尔泰在云南强行改土归流,大量云南的彝族又迁徙到凉山。这些先后迁来凉山的彝族,与当地居民逐步融合成现今的凉山彝族。

(三)羌族概况及演变

羌族自称"日玛""日麦"或"尔玛""尔麦",主要分布在四川省阿坝藏族羌族自治州的茂县、汶川、理县、黑水、松潘和绵阳市的北川县,甘孜藏族自治州的丹巴县。其中,居住在茂县的羌族自称"日麦",茂县赤不苏地区的羌族自称"日玛",理县的羌族自称"玛"。

图2-5 茂县羌族人

现代羌族源于古羌。我国古籍中记载的"羌",是一个很广的族群概念,古羌是中华民族大家庭中最早、最古老的成员之一,与中原各族关系密切。被公认为汉族祖先的炎帝、黄帝与夏、周的统治者在族源上都源于古羌。《史记》记述黄帝的两个儿子青阳和昌意分别"降居"江水(今岷江上游)和若水(今雅砻江)。夏代的始祖禹出生于西羌的汶山地区。古羌人后来进入中原地区,与当地居民相融而形成华夏族。中国历史上的第一个王朝——夏,即是以羌为主体,与其他部族在黄河流域共同形成的统一王朝。未进入中原的古羌部落,散布于甘肃、青海河湟和陕西的部分地区,继续游牧生活,发展缓慢。商代时,羌与商时常交战,大量羌人被商掳掠为奴隶,经常被用于祭祀、殉葬,后商武丁武力征伐西羌,羌人被迫逐渐西迁。西周时,羌始称为戎,分布极广。秦先后用兵诸戎,华夏地区的诸戎,部分被融合,部分向西南、南方进行了大规模、远距离的迁徙,到达今四川的岷江上游、大渡河和安宁河流域,与当地原始先民相互融合,成为当地各民族的重要组成部分。

汉代羌人在四川分布极广。今四川汉源县九襄有牦牛羌,是古羌人南下至今四川安宁河流域及雅砻江下游的越嶲郡形成的,故又称为越嶲羌;在今平武、九寨沟和甘肃陇南市武都区南部有白马羌,东汉曾于此置广汉属国,故又名广汉羌族;今四川西部的雅安市一带有青衣羌;岷江上游和四川西北部的广大地区有冉駹羌分布,冉駹部落众多,有"六夷、七羌、九氐"。隋唐时期,由于吐蕃王朝向东扩展,河湟一带的羌人相继内迁,活动在四川的羌人部落有东女、白兰、西山八国、白狗、附国等。其中,岷江上游诸山各部统称"西山八国",他们处在中原王朝和吐蕃势力之间,有的融入藏族,有的内附中原王朝,融入汉族,有的则单独保存和发展下来。宋代以后,南迁的羌人和西山诸羌,部分发展为现在的羌族,保留了羌的族称。

(四)回族概况及演变

四川省回族主要分布在盐亭、青川、平武、武胜、阆中、苍溪、宜宾、高县、新都、崇庆、西昌、德昌、会理、松潘、阿坝等县(市、区)以及成都、泸州、自贡、内江等大中城市。他们和汉族或其他民族杂居相处。"大分散,小聚居"是四川回族分布的特点,往往是在乡村自成村落,在城镇自成街道、社区,彼此之间保持着密切的联系。盐亭、西昌、德昌、会理、松潘、阆中等地都有回族比较集中的乡村。

回族的先民,最早可以上溯到唐朝。唐德宗贞元十七年(801),剑南西川节度使韦皋部将杜毗罗在南诏军的配合下,潜袭吐蕃险要,虏获了部分"黑衣大食",即穆斯林。唐僖宗广明元年(880),黄巢起义军攻破唐朝首都长安,唐僖宗仓皇出逃,于唐僖宗中和元年(881)到达成都,随驾逃走的许多人中还有波斯人。唐肃宗至德二年至上元二年(757—761),回纥平息安史之乱有功,许其入贡,以马易茶。当时的松州是唐边陲重镇,地域覆盖川西高原大部,远接甘、青,盛产河曲良马,又是川边茶马道上最大的商贸集散地。波斯、阿拉伯、回纥商人自肃宗时期进入松州，参与茶马互市，与蜀锦市马的商贸活动繁盛。久之，一些人长期居留此地，这是回族先民进入松州（今四川松潘）乃至川西北高原之始。

回民成规模入居四川始于元代。南宋宝祐元年（1253）忽必烈南征云南大理时，经松、茂、雅、黎所属之地，穿行于今四川甘孜、阿坝、凉山部分地区，南渡金沙江至云南，其间大量的回民随大军南下，有少部分士兵因各种原因滞留在了这些区域。元朝在河州（今甘肃临夏）设吐蕃等处宣慰司都元帅，并辖松、茂、雅、黎诸州及碉门、鱼通、黎、雅、长河西、宁远等六安抚司，隶属陕西行中书省管辖，因此进入四川松潘、康定等地的回民逐渐增多。后在松潘设立松潘岩叠威茂等处宣慰司，由松潘入洮州、河州、西宁的茶马商道也主要由穆斯林茶马商人经营。元代四川地区设有陆站48处、水站84处。元代驿站官员和站户多由蒙古人或回民充任。

明代，甘肃、陕西和云南是回族的主要聚居区域，大量回民从陕甘、湖广、云南迁徙入川。随着明朝的历次移兵屯田，陕西、甘肃和云南的不少回族军士以及商人等随兵入川，来到川北、川东一些地广人稀的地方屯田垦牧，形成了一些聚居点。现今聚居在西昌和阆中的一些回族，其先人都是洪武年间从陕西西安府和云南大理随军入川的。成都等地的回族更是有所发展，修建了不少清真寺院，如成都的鼓楼寺、新都区的罗家寺等。

清代是四川回族的大发展时期，回族人口迅速增加，居住面积不断扩大，"大分散、小聚居"的分布特点逐渐形成。清初，特别是康熙、乾隆时期，大量回族随军或经商入川，如清廷对藏用兵，对瞻对、大小金川用兵，平定康定昌侧集烈之乱，赵尔丰改土归流，其间都有不少回族从陕、甘、苏、浙进入四川藏区。除了随军进入四川的回族，还有伴随着茶马贸易的兴盛入川经商、垦殖的回族，或随"湖广填四川"的移民从湖北、江西等地入川的回族，他们相继散布到许多城乡。康熙年间，清廷迁湖北麻城县孝感乡的回民入川，将之安置在南溪的李庄镇、犍为的罗成铺、内江的观音滩和隆昌的殷家坝等地。同治年间，云南回民起义及西北回民起义失败后，起义军将士分散入川者不少。总体而言，现在四川回族的分布格局，基本上是在清代确定下来的。

除了上述的几个主要民族以外，在四川还生活着苗族、蒙古族、傈僳族、满族、纳西族等。苗族主要生活在泸州市、宜宾市、凉山州的部分地方；蒙古族主要散居在凉山州的盐源县、木里县及成都市等地；傈僳族主要散居在凉山州和攀枝花市；满族主要散居在成都市；纳西族主要分布在凉山州的盐源县、木里县和攀枝花市的盐边县。

二、各民族在维护祖国统一中的贡献

（一）反对帝国主义侵略

四川各民族有着热爱祖国，反帝、反分裂的优秀传统，为维护祖国统一做出过重要贡献。由于嘉绒地区民风彪悍，战士作战英勇，清政府在嘉绒地区设立了五个军屯，军屯中设立军户，由朝廷给予官职和粮饷，逐渐建立起了一支强大的嘉绒军团。军屯的军户除了藏族也有部分羌族。这支军团受朝廷调遣，和中央政府所辖的其他军队一同四处征战，对维护国家统一发挥了巨大作用。清乾隆五十六年（1791），廓尔喀（今属尼泊尔）人两次入侵西藏，侵略军攻陷日喀则，扎什伦布寺的大量金银财物包括清朝的御赐物品被洗劫一空，清廷发兵数万征讨，其中就抽调嘉绒藏兵8000人。嘉绒藏兵在战场上英勇作战，不怕牺牲，所向披靡，六战六捷，一直打到靠近尼泊尔首都加德满都的地方，迫使廓尔喀人不得不乞降求和。大军凯旋后，四川藏区土军统领，小金八角碉的木塔尔、理县的阿忠保被列入"后十五功臣"，绘像于北京紫光阁，永为后世敬仰。

清道光二十年（1840）之后，中国逐步沦为半殖民地半封建国家。和全国其他民族一样，四川地区各民族也面临着帝国主义的侵略与封建统治阶级的剥削和压迫。四川地区各民族同汉族人民一道，向帝国主义、反动官府和封建统治阶级进行过英勇不屈的斗争，为中华民族的独立和解放做出了重要贡献。

鸦片战争爆发后，侵略军攻陷厦门，随后又进攻定海、镇海、宁波三城，四川总督根据道光皇帝的命令，在金川等地挑选2000多名嘉绒藏兵驰援浙江。清道光二十一年（1841），四川松潘、建昌两镇所辖的藏、羌、彝等族屯兵2000人，在瓦寺土司守备哈克里、大金川土司阿木穰的率领下，长途跋涉，开赴浙江前线。在冒雨进攻宁波城时，400余藏兵冲锋在前，前仆后继，因中敌人埋设的地雷，全部壮烈牺牲。在进攻大宝山的战役中，300余藏兵为前锋，英勇斩杀困于湖泽的英军100多人，使敌遭受重创，但随后，藏兵也在英军的炮火下殉国。正因为有这样的英雄功绩，所以后人建"高节祠"以祭奠这两支藏兵。

同年，为策应英军在我国东南沿海的攻势，为英人所役属的达拉克人侵入西藏阿里地区，他们沿途烧杀抢劫，无恶不作，占领日土、托丁等地，一直推进到玛旁雍错旁边，扬言要向卫藏地区进攻，大有一举吞并西藏之势。在驻藏大臣孟保和海朴的督促下，西藏组成一支有康巴人参加的3000多人的藏军驰援阿里。这支藏军在12月的一次大风雪中展开反攻，经过三天激战，击毙敌军主将倭色尔，俘敌百余人，大获全胜。

鸦片战争失败后，清朝政府在各国列强的压力下，签订了一系列不平等条约，英、法等国利用这些不平等条约，派出所谓"探险队""游历家"和"传教士"潜入四川民族地区进行间谍活动。这些国家的传教士常常假扮商人，或用传教名义，在当地购买、霸占土地，建立医院、学校和教堂，网罗一部分地痞流氓当教民，肆意欺压当地群众，甚至利用特权，包揽司讼，挑拨民族关系,粗暴地干预我国内部事务。传教士们的不法行为激起了四川各族同胞的普遍反抗。在四川甘孜的巴塘、康定,阿坝的懋功(今小金县)、茂县、理县,凉山的越西等地,广大藏族、羌族、彝族团结起来,驱逐天主教教民,焚毁教堂、杀死传教士的事件连续发生。辛亥革命爆发后,四川各少数民族更是掀起了轰轰烈烈的反洋教活动。道孚民众数千人焚毁法国教堂,杀死法国传教士熊德龙,活捉法国传教士谭司铎。凉山的彝族群众直接提出了"灭洋人"的口号,驱逐境内的传教士。

(二)支持红军长征

四川民族地区是红军长征途中经历时间最长、途经山水最多、所处环境最艰险的地区,也是红军渡过生死关头、走向胜利的关键之地。1935年5月至1936年9月,红一、二、四方面军先后进入四川的各少数民族区域。红军队伍经过彝、藏、羌等少数民族聚居区时,严格执行党的民族政策和宗教政策,通过各种方式与当地土司、头人、宗教上层建立友好关系。在党的民族政策的感召和影响下,藏、羌、彝族许多少数民族和宗教首领纷纷与红军建立了友好关系,留下了很多广为传诵、感人至深的故事。

1935年1月至5月,遵义会议后,中央红军在毛主席的带领下四渡赤水,南渡乌江,直逼贵阳,又在云南巧渡金沙江天险,到达会理城休整,摆脱了数十万国民党军队的围追堵截,准备穿越彝族聚居的大凉山北上。1935年5月19日,中央红军派出以刘伯承为司令员的先遣队,进入凉山拖乌彝族聚居地区,宣传党的民族政策。当时统治彝区的是沽鸡、罗洪、倮倮三大家支。国民党军阀为了控制这些家支,抓捕了不少彝族首领做人质,以此来控制他们,并强行要求他们阻拦红军通过彝区。在红军的宣传和影响下,沽鸡家支的头人小叶丹积极主动表示愿意与刘伯承在彝海歃血为盟,结为兄弟,帮助红军渡过彝区。1935年5月下旬,中央红军到达四川石棉县安顺场,接着强渡大渡河，飞夺泸定桥，又经天全、芦山、宝兴等县，翻越了长征途中第一座大雪山夹金山，占领了达维、懋功，与红军四方面军会合。以后，又经八角、两河口，翻越梦笔山，从卓克基到毛尔盖，接着跋涉沼泽草地，突破天险腊子口，于1935年10月到达吴起镇，与陕北红军胜利会师。

红军第二方面军2万余人，在贺龙、任弼时、关向应等同志的领导下，于1936年5月，由云南丽江的石鼓，经茨科、巨甸之间的120里江岸，渡过金沙江，进入现甘孜藏族自治州境内，随后分两路前进。6月，两路军在甘孜会师，经阿坝、巴西、腊子口，到达甘肃岷县，最后经会宁到陕北。

第四方面军约8万余人，由川北入今阿坝藏族羌族自治州的茂县、汶川、理县，然后分两路与第一方面军汇合，于1936年7月初离开甘孜，经过阿坝、巴西、腊子口，于同年10月到达甘肃会宁，然后转赴陕北。

红军长征经过四川民族地区时期，藏族、羌族等在民族压迫和阶级压迫的双重残酷压迫下，受尽了深重苦难。为了更好地发动广大群众进行反帝国主义反封建斗争，红军积极帮助民族地区人民建立自己的民族自治革命政府，反对民族之间的歧视和压迫。

红军在四川民族地区要维持庞大队伍的生存，主要依赖于各级革命政权和人民群众的支援和帮助。广大少数民族同胞在自身缺衣少食的情况下仍然竭尽所能地支援红军，他们节衣缩食，忍饥受寒，"节省一粒粮食一寸布，来帮助红军，鼓舞红军"，与红军同甘苦、共患难，为红军保存主力，支援红军北上抗日，做出了巨大贡献。

在今阿坝藏族羌族自治州，红军在黑水瓦钵梁子、汶川的宝子基和涂禹山等地设立收储粮食点，各地苏维埃组织广泛发动群众借粮、售粮、献粮以支援红军，并组织人力、牲畜和运粮队将粮食运给供应区。在茂县，每天有上千人从北川、土门为红军背、驮粮食，在汶川、茂县两县3个多月期间，红军征集粮食400多万斤；黑水瓦钵梁子组织了300余人的红军运粮队，为红军运粮食。据不完全统计,红军在阿坝州筹粮共计1000万斤以上。

在今甘孜藏族自治州,除了老百姓积极支援红军外,一些土司头人和藏传佛教寺院也支援红军大批粮食,如甘孜孔萨土司德钦旺姆将家里18万斤粮食全部支援了红军。据现存于四川省博物馆内的甘孜寺支援红军粮食登记簿记载,甘孜寺及其下属的七座寺庙共交给红军经理部青稞7746斗,豌豆5305斗,共计20万斤;甘孜白利寺支援红军青稞3万多斤,豌豆4000多斤。据不完全统计,甘孜白利寺、甘孜寺,巴塘亚日贡寺、仁波寺、竹瓦寺,白玉呷拖寺,新龙益西寺、俄日寺等,共捐送红军粮食达29.6万斤。红二军团经过甘孜得荣时,龙绒寺堪布自己支援红军粮食15万斤,并派喇嘛在群众中购粮4.6万斤支援红军。

(三)积极抗战

抗日战争期间,四川民族地区虽远离前线,但藏、羌、彝、土家、苗、回、蒙、满等各族同胞仍以多种方式积极投入抗日的洪流,以巨大的人力物力支援抗战,为抗日战争做出了自己的贡献。

抗日战争爆发以后,四川各民族积极加入宣传抗日的队伍,号召全国各民族一起反抗日本帝国主义的侵略。1931年"九·一八"事变后,在南京的藏族同胞立即成立"康藏旅京同乡抗日救国会",投入抗日宣传活动。抗日战争全面爆发后,藏族同胞的抗日热情更加高涨。1938年武汉会战期间,松潘关外的24个部落30万藏族同胞特别组成一支请缨杀敌代表团,向全国各族人民发出了宣言,号召全国各族同胞一起起来反抗日本帝国主义的侵略,表达了藏族民众与全国各民族一道同仇敌忾的决心和意志。

四川各族民众很多青年还直接投身抗战第一线,用自己的鲜血和生命捍卫中华民族的尊严。"七七事变"爆发后,四川籍的彝、羌、藏、苗、土家、回等少数民族红军战士分别编入八路军一一五师、一二〇师、一二九师，奔赴山西抗日前线。羌族青年苏新、文光华，藏族青年天宝、杨东生、沙拉、黄德章、胡忠林、袁孝刚、江平（女），土家族青年王春青等，有的留在延安，保卫党中央和革命根据地，有的随部队开赴抗日前线对日作战。出川抗战的少数民族同胞中，还有空军飞行员。1938年初，日机侵犯南宁上空。国民党空军四大队四中队中尉飞行员扎西（巴塘，藏族）等驾机升空迎敌，将入侵的十余架敌机逐出了南宁上空。1943年，羌族青年周登富、郭得高等八九人，转赴缅甸对日作战的行列。在西昌，饶氏绪镇、绪道兄弟发起"朋友从军运动"，各族知识青年自愿报名者达426人。在祖国的抗日第一线上，四川少数民族抗日战士留下了他们的足迹。

四川是抗日正面战场的后方基地，四川各少数民族同胞为建设后方基地付出了艰辛的劳动。在国民政府修建新（津）康（定）、康（定）玉（树）、乐（山）西（昌）、西（昌）祥（云南祥山）公路以及甘孜康定营官寨、理化（今理塘县），阿坝漳腊，西昌小庙等机场时，广大藏族、彝族等少数民族同胞不计报酬，积极投入抗战的交通建设，在劳动工具极端简陋的情况下，以血肉之躯，以生命和鲜血为代价，完成了施工任务。

另外，"七七事变"后，日本对抗战后方实行战略封锁，切断海陆运输线，致使大西南抗日后方商品、物资匮乏。四川各族同胞节衣缩食，将毛皮、各类土产积极捐献给前线战士，帮助前线战士抵御寒冬。1942年，在日本侵略者控制我国海、陆、空大动脉及交通枢纽的情况下，川康藏族爱国人士邦达多吉家族开辟了由印度经西藏直通川滇的国际交通运输线。这条运输线以骡马为运载工具，道路崎岖坎坷，从印度接运货物到拉萨，再以拉萨为中转站，在昌都、玉树、甘孜、康定、雅安、成都、昆明、丽江等地设分转站，把抗战急需的战略物资源源不断地送到大后方，从事运输的藏民付出了巨大的努力和牺牲。

（四）积极支援解放西藏

1949年10月1日，中华人民共和国宣告成立。随着新中国的诞生，完成国家领土和主权的统一，已成为大势所趋。1950年夏天，解放战争进入尾声，中国大陆仅剩下西藏还没有解放。为了维护祖国领土的完整，驱逐在西藏的帝国主义侵略势力，为和平解放西藏创造条件，1950年1月2日，毛泽东主席亲自起草中共中央西南局和西北局关于向西藏进军的指示，并对进军西藏的时间、军力配备、藏族干部训练等问题，做出了具体安排。

1950年7月10日，西康省人民政府副主席格达活佛得知西藏噶厦政府置中央和平解放西藏的呼吁于不顾后，毅然要求前往西藏进行规劝，以促使谈判早日进行。格达活佛带领随从以及弟子自西康甘孜县白利寺出发赴西藏。一路上，格达活佛不厌其烦地向藏族僧俗群众宣传中央人民政府政策，并列举所见所闻，表明人民政府和人民解放军尊重宗教自由，保护藏传佛教寺庙，尊重少数民族风俗习惯，帮助人民改善生活等；宣传中央人民政府维持西藏现行各种政治制度与一切改革事宜由西藏人民及领导人协商解决的决

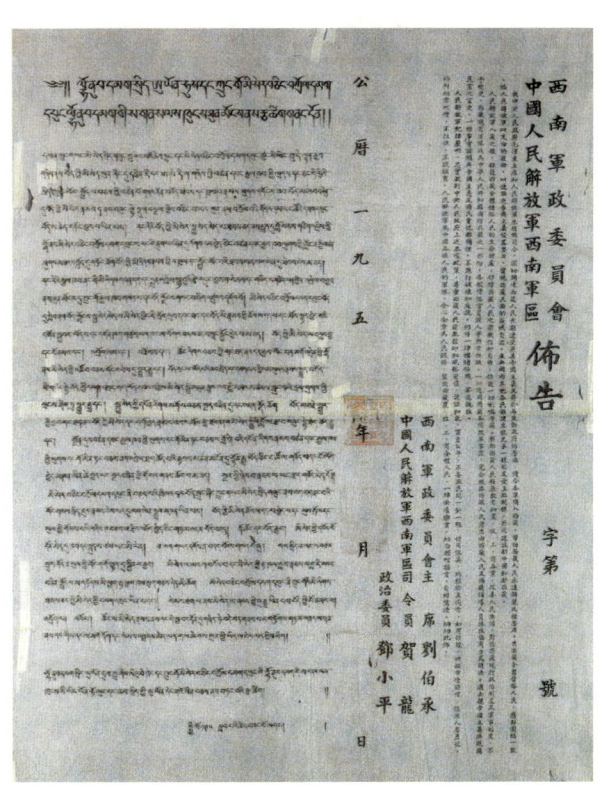

图2-6　西南军区发布的进军西藏布告

策;劝说寺庙及头人、民兵不要与人民解放军为敌,汉藏民族必须紧密团结。格达活佛在昌都的宣传深得广大藏民及寺庙的拥护,但却遭到了英美帝国主义间谍福特(公开身份是英国驻昌都电台台长)的百般阻挠和昌都总管拉鲁·次旺多吉的迫害。最后,格达活佛遭到毒害,不幸遇难,为西藏的和平解放献出了自己的生命。

图2-7　格达活佛遗像

在大量争取工作未能奏效,西藏噶厦政府拒绝谈判,甚至派兵阻拦人民解放军和平进藏的情况下,1950年8月23日,毛泽东主席决定"以战促和",批复了西南局的昌都战役计划。人民解放军进入西康地区之后,很快赢得了广大藏族同胞的拥护,他们强烈要求解放军解放西藏,以实际行动支援解放昌都。康北地区的邓柯、石渠、德格、白玉、甘孜等地藏族群众踊跃投入支前工作:甘孜邓柯的一个粮草供应站在20天中就供应部队25.5万公斤柴草和马料;石渠的藏族同胞很快集中了运粮的皮口袋2500条;德格竹庆地区20天内集中马草3.5万公斤,干柴5万公斤,满足了过往部队的需要。为确保渡过金沙江后的物资运输,在战役发起的前夕,张国华等亲赴玉隆,再次会见夏克刀登、降央伯姆。昌都战役开始后，夏克刀登、降央伯姆在甘孜至邓柯、甘孜至德格的运输线上，先后出动了10万头牦牛运输物资以支持前方。石渠县副县长罗布顿珠用自己的40头牦牛参加运输，还把劳务所得的一部分作为支援费用。德格县藏族妇女曲美巴珍用自己的两头牦牛、一匹马一直往返驮运物资，与男子一起参加担架队，赶夜路抬运解放军伤员，被西康省人民政府授予"支前模范，藏族之光"的锦旗。康南理塘、巴塘一线的藏族群众也大力支援运输，保证了南线部队的供应。四川藏区藏族人民的支援，是昌都战役胜利的重要保证。昌都战役是解放中国大陆的最后一役，为西藏的和平解放奠定了基础。

三、各族人民翻身得解放

中华人民共和国的成立，标志着民族压迫制度的结束。1950年春，四川各民族地区获得解放，进入了民族平等、民族团结的新时代。

（一）四川民族地区的解放

1949年12月9日，西康省主席、国民革命军第二十四军军长刘文辉，西南长官公署副长官邓锡侯、潘文华在彭县通电起义，宣布西康省和平解放。与此同时，有一部分国民党残余武装，窜入西康的藏族地区，企图长期盘踞，负隅顽抗。1950年，以格达活佛为首的西康藏族爱国人士联名致电中央，并派代表到北京向毛主席和朱总司令致敬，要求歼灭国民党在西康的残余势力，解放西康。3月，在藏族人民的大力协助和支援下，解放军于24日开进康定城，随即解放了整个西康。4月26日，西康省人民政府正式成立，隶属于西南军政委员会。11月，在新的西康省下成立了专区级的西康省藏族自治区。

图2-8 甘孜州群众积极支援十八军进藏　　图2-9 藏族群众向十八军军长张国华献哈达

在阿坝，1950年1月，人民解放军挺进汶川、茂县、理县、松潘等地，在羌、藏等各族人民的热烈欢迎下，各地相继解放。同年9月，人民解放军全部解放了原16专区所属的6座县城，设茂县专区，辖茂县、汶川（驻威州镇）、理县、懋功、靖化、松潘等6县，属川西行署区。10月，阿坝地区的靖化、懋功、绰斯甲、梭磨、卓克基、松岗、党坝等地也相继解放。

在凉山，国民党把西昌作为在大陆的最后军事中心，负隅抵抗，为了坚决消灭盘踞西昌和流窜大小凉山彝族地区的国民党残部及地方反动势力，中国人民解放军同时从云南和四川向西昌合围。在中共西昌地下党领导的武装"金江支队"和各族人民广大群众的配合下，从1950年3月至10月，人民解放军第十四军、十五军及六十二军各一部，奉命从川西及滇北两个方向，分几路向西昌进军。解放军克服重重困难，强渡大渡河、金沙江，越大相岭、泥巴山，过大小凉山，消灭了境内大部分国民党残余武装，西昌地下组织及其领导的金江游击支队，也积极配合解放军打击敌人。1951年上半年，初步扫清国民党在凉山的残余武装。1954年12月，凉山全境解放，国民党在大陆的军事力量被彻底歼灭。人民解放军终于在各族群众的配合下完成了解放全川的历史使命，为开展民族地区的工作铺平了道路，翻开了四川民族地区历史的新篇章。

（二）四川民族地区的民主改革

民主改革是20世纪50年代中后期中国共产党采取协商方式，领导少数民族民众及民族上层人士，对部分民族地区实施的以土地改革，解放奴隶、农奴和废除劳役及高利贷为主要内容的全面社会改造。四川民族地区的民主改革开始于1956年初，于1959年底基本结束，以今凉山彝族自治州为中心的彝族地区、甘孜州及阿坝州为实施范围。

新中国成立后，经过5年的初步工作，满目疮痍的民族地区社会经济虽有明显的好转与恢复，但所有民族工作都是在不触动旧有的剥削制度下进行的。今凉山州的广大彝族地区在民主改革前还处在奴隶社会阶段，而今甘孜藏族自治州、阿坝藏族羌族自治州在民主改革前还普遍实行封建农奴制。旧有剥削制度严重地束缚了社会生产力的发展，人压迫人、人剥削人的现象并未根除，少数民族群众仍然过着没有人身自由的悲惨生活。伴随着周围汉族地区土地改革和"一化三改造"的胜利，民族地区的广大牧民也觉醒了，他们以各种方式迫切要求废除剥削制度，进行民主改革。在此期间，农牧民反剥削、反压迫的斗争日益突出，矛盾越来越尖锐。藏族地区农牧民对农奴主继续逼租逼粮、支派差役极为不满，新龙、巴塘、丹巴、德格等地相继出现了成百起抗粮、抗差、抗租的斗争。彝族地区广大奴隶群众，也出现了反对奴隶主虐杀、反对买卖"娃子"（彝族地区称奴隶为"娃子"）、拒服无偿劳役、抗租抗债以及扭送奴隶主要求政府处理的斗争，还发生了奴隶群众大批逃跑的事件。

在党和政府的领导下，在广大奴隶、劳动人民的强烈要求和全力参加下，1956年初四川的彝族、藏族地区开始推行民主改革。其中，凉山彝族地区民主改革主要任务是"废除奴隶制度，解放奴隶，实现人民的人身自由和政治平等；废除奴隶主阶级的土地所有制，实行劳动人民土地所有制；解放农村生产力，发展生产，为实行农业社会主义改造、开展合作化运动创造条件"，规定"改革中对现有奴隶一律解放；改革后任何人不得再占有奴隶；奴隶主不得依靠特权向劳动人民进行奴役和剥削，政府帮助新解放的奴隶安家立业，发展生产；奴隶群众的人身自由和政治权利由政府加以保护"。甘孜、阿坝藏族聚居的农区，改革内容为废除封建土地所有制，废除高利贷，剥夺土司、地主、头人和宗教上层对政治、经济、文化的封建特权，让广大农奴分得土地财产，获得人身自由和根本解放；对地主（即农奴主）只没收土地，对其多余的耕畜、农具、房屋和粮食，国家按市场价格收购后分发给农民，其他财产一律不动；对富农只征收出租土地的多余部分；对地主、富农都不算老账，不挖底财，对其经营的畜牧业、园林、工商业一律加以保护；所有农奴主都和农民一样分得一份土地；对于爱国的少数民族上层人士和其他守法的地主，均不开展面对面的斗争，实行保护过关。藏族牧区实行"不斗、不分、不划阶级"和"牧工牧主两利"的政策，但要废除封建的草原草山占有制，实行国家所有，交牧民集体经营管理使用；对守法的封建主、牧主，均不进行面对面的斗争，保护其牧畜和其他财产。

为了更好地推行民主改革，中央和省委明确表示，这场改革要在坚持党的民族政策基础上，"慎重稳进"，以和缓的方式进行，并与彝族、藏族上层人士进行了一系列协商，得到了一部分开明人士的支持。但是，一部分贵族上层不愿退出历史的舞台，发动了反对民主革命的武装叛乱。经过激烈的斗争，边平叛、边改革，历时三年，至1959年初，民主改革运动分期分批地完成了，四川民族地区的社会形态、生产关系、民族关系、社会面貌发生了深刻的变化，各族人民走上了社会主义的繁荣道路。

民主改革的推行，变更了以前不合理的生产资料所有制形式，广大农牧民从封建主、奴隶主那里分得了土地，以及大型农具、牲畜和粮食，有了属于自己的生产资料，真正实现了耕者有其田，组建了家庭，改善了生活，迸发了积极性，极大地解放了生产力，社会经济得到了迅速发展。在民主改革胜利的基础上，社会主义改造紧接着进行，实现了农牧业合作化，劳动人民生产热情空前高涨，民族地区的经济文化建设得到了前所未有的发展。

民主改革摧毁了原彝族社会的奴隶制和原藏族社会的封建农奴制，使彝族、藏族的社会形态发生了根本性的变化，跨越了历史的发展阶段而进入社会主义社会，60余万奴隶、农奴砸碎了被迫套在身上的枷锁，获得了解放，翻身做主人，享受人权。民主改革培养、锻炼和壮大了农牧区的依靠力量，过程中涌现出众多积极分子，从中选拔及发展了1.4万余农牧民党团员，建立了基层党团支部，地方政权得到更替或健全；选拔、培养和提拔了约1.39万名地、县、区级民族干部，实践了民族区域自治制度，实现了政治整合，完成了社会主义制度的统一。

（三）贯彻实施民族区域自治政策

民族区域自治是中国共产党解决我国民族问题的基本政策，是我国的基本政治制度之一。四川一直非常重视贯彻执行党的各项民族政策，四川民族地区解放后，中国共产党和人民政府立刻建立领导机构，贯彻民族政策，指挥开展工作，为实施民族区域自治做准备。

新中国成立初期，四川民族地区情况非常复杂，历史上遗留下来的民族矛盾较深，民族内部械斗不息，加之残余匪特造谣骚扰，社会秩序不稳定。国民党政府留下的是一个烂摊子，经济萧条，生产停滞，百废待兴，各项工作任务繁重，而地方干部特别是少数民族干部却极少。面对这些问题，各级地方政府坚决执行党的民族政策和宗教信仰自由政策，坚持谨慎稳进和团结上层为主的方针，以主要精力做民族团结工作，争取了大批民族、宗教上层人士与人民政府合作共事。1950年，中央人民政府派出"西南少数民族访问团"到四川藏、彝地区访问。西南军政委员会和川西、川北行署也纷纷派出民族访问团、工作团深入四川少数民族聚居区工作，向少数民族宣传党的民族平等政策，消除历史遗留的民族隔阂。为了更好地做西南地区少数民族工作，国家专门在四川成立了管理民族工作的机构。1950年8月初，西南军政委员会民族事务委员会成立，由西南军政委员会副主席王维舟兼任主任。同时，为了宣传党的民族政策，培养少数民族基层政权骨干，开展对民族、宗教上层人士的统战工作，国家开始在四川、西康两省民族地区建立专职的民族工作机构。经过努力，彝、藏、羌族爱国上层人士杨代蒂、果基木果、阿侯鲁木子、罗大英、格达活佛、夏克刀登、华尔功臣烈、索观瀛、苏永和、降央伯姆、所仁克尊、王泰昌等积极主动与各级政府合作。为了更好地使四川少数民族了解祖国，各地组织了大批少数民族上层人物、宗教界人士到内地参观访问，至1951年有1500多人次分别受到了毛泽东、刘少奇、周恩来等党和国家领导人的亲切接见及各地人民的热烈欢迎。至1952年底，赴内地参

图2-10　康定各族各界人士欢迎中央访问团团长刘格平（甘孜州档案馆提供）

观的彝族上层人士已达3000多人次。

为推行民族区域自治制度,中共中央西南局决定把西康省藏族地区作为在西南地区实施民族区域自治的试点。西康解放后,西康区委负责人积极广泛联系西康各界人士,征求实行民族区域自治的意见,并在康区广泛宣传民族政策,组成藏族协商筹备委员会,就民族区域自治政权的地位、名称、区划等,同各界人士进行了广泛磋商。经过充分准备,1950年11月在康定召开了全区首届各族人民代表会议,宣告西康省藏族自治区成立,选举产生了自治区人民政府。1955年撤区,改为西康省藏族自治州,同年10月西康省撤销划入四川后,改称四川省甘孜藏族自治州,州府康定。这是中华人民共和国成立后,全国最先建立的州一级民族区域自治政权,对其他少数民族地区产生了重大影响。

1951年冬,经中共中央、政务院批准,将西昌专区所辖的彝族聚居县及相邻部分彝汉杂居县划出,筹建一个地区级的彝族自治县。经过准备,1952

图2-11　西康省藏族自治区成立大会(甘孜州档案馆提供)

年10月，在昭觉召开了第一届各族人民代表会议，全国最大的彝族聚居区的民族区域自治政权——西康省凉山彝族自治区人民政府成立，这也是凉山地区历史上的第一个统一的政权机构。1955年，凉山彝族自治区在西康省划归四川省后，改称凉山彝族自治州。阿坝地区在1952年12月也成立了四川省藏族自治区人民政府。1955年改设阿坝藏族自治州，1987年更名为阿坝藏族羌族自治州。除3个自治州外，四川还陆续建立起了8个少数民族自治县、119个民族自治乡，并对一些少数民族较多的县试行了按民族县对待的政策。至此，四川民族地区实现了民族区域自治。

民族区域自治政权的建立，使少数民族第一次在政治上实现了民族平等，开始行使当家做主的权利。为了更好地落实民族区域政策，在民族区域自治机关内，主要的领导职务由实行区域自治的民族和其他少数民族干部担任，其中自治地方的州长、州人大常委会主任和县长、县人大常委会主任，大多由少数民族干部担任，区、乡领导干部也基本上是少数民族，切实实现了少数民族自己管理内部事务的权利。省委、省人大、省政府、省政协和部分省级部门均配备了少数民族领导干部；省、州、县人代会代表和政协委员中，少数民族均占了相当的比例。

为了大量培养和任用少数民族干部，四川省还创立了各级各类民族干部学校，吸收少数民族优秀青年进行培训。1951年，在成都成立了西南民族学院，在西昌、雷波、乐山、昭觉、茂县、康定创建了民干校和党校，招收少数民族中的优秀青年，这些学校常年不断地培养民族干部，提高了一批又一批民族干部的文化和理论修养，还将部分青年选送到中央民族学院进行深造。各级政府和工作团还从实践中选拔出一批优秀青年直接参加工作，党的领导和老干部的耐心帮助使他们在革命实践中增长了才干。

改革开放以后，针对民族地区的实际情况，1984年六届全国人大颁布实施《民族区域自治法》，基本上构建出了比较完善的民族区域自治的法律制度。

1986年以后，四川民族地区各市州结合本地实际情况，相继制定了《甘孜藏族自治州自治条例》《阿坝藏族羌族自治州自治条例》《凉山彝族自治州自治条例》等，峨边、马边自治县也结合当地实际情况先后制定了自治条例，四川民族地区的民族区域自治制度建设迈上了新的台阶。同时，还制定了有关森林法、婚姻法、义务教育法、继承法等方面的单行条例或补充规定，民族区域自治地方的法制建设不断完善。民族区域自治地方的法制建设充分体现了民族特色和广大人民群众的意愿，对推进四川民族地区法制进程，加强民族团结，构建和谐社会，推动政治经济和社会发展起到了积极作用。

第三章

灿烂文化

四川民族读本

第三章 灿烂文化

民族文化是各民族在其历史发展过程中创造和发展起来的具有本民族特点的文化，包括物质文化和精神文化。四川少数民族在漫长的历史中形成了自己灿烂的文化，这种文化对于民族的延续，对于国家的存亡，有着特别重要的意义。首先，从文化本身来看，人们主张只有民族的才是世界的，保护民族文化的特色，才会使民族文化具有世界意义。这样的观点也同样意味着民族文化在任何一个国家都具有不可或缺的国家意义、民族意义。

其次，民族文化中最具有民族性、最富于艺术特征的部分，不仅包含了民族特有的审美观念、审美表现意识，而且包含了理解自然，理解人生，明智地处理人与自然、人与社会之间关系的许多有益的启迪。在现代化程度已比较高的今天，这些启迪不仅没有失去意义，反而彰显出不朽的价值。

一、具有特殊意义的民族文化

（一）世界上最长的史诗——《格萨尔王传》

《格萨尔王传》是世界上迄今发现的演唱篇幅最长的英雄史诗，被誉为"东方的《伊利亚特》"，也是世界上唯一的活态史诗。该史诗从生成、基本定形到不断演进，包含了藏民族文化的全部原始内核，具有很高的学术价值、美学价值和欣赏价值，是研究古代藏族社会的一部百科全书。

"《格萨尔》史诗系统"现已被列入联合国教科文组织《人类非物质文化遗产代表名录》。2006年5月20日，《格萨尔王传》经国务院批准，被列入第一批国家级非物质文化遗产名录。四川省甘孜州德格县是英雄史诗中主人公岭·格萨尔王的故里。在德格，格萨尔文化自宋代起昌盛至今，主要体现在五个方面。

1. 格萨尔王诞生地

《格萨尔王传》的"英雄诞生"部记载了格萨尔王的诞生地。格萨尔王的母亲在一个形似青蛙的岩石下生下了他，这个岩石在德格县阿须乡岔岔村境内，名为"吉苏雅"。清朝道光年间，岭仓土司为了纪念自己的祖先，特地在格萨尔王诞生处的青蛙石旁，修建了格萨尔王庙。1984年起，格萨尔王庙在捣毁的旧址上按原貌重新修建，取名"格萨尔纪念堂"。

2. 格萨尔王遗迹

目前能见到的格萨尔城堡遗址中，最主要的是森周达泽宗遗址，它是岭国的都城，位于今天德格县的俄支乡，由一群城堡组成，包括森周达泽城堡、郭仓喀雅城堡、东顺让茂城堡、嘉卡让茂城堡4处。此外，比较重要的遗址还有位于德格县境内的贾察城堡遗址、宁多岩宫及威武达城堡。在德格的一些寺庙中，还保存着一些传说为格萨尔时期的遗物，包括岭国大将年查阿登的头盔和残剑剑柄，岭国将士所用的头盔和用铜丝制成的铠甲。1960年，著名的格学专家徐国琼先生曾在龚垭的吉基贡寺采集到一副铠甲，总重40公斤，相传是岭国大将贾察尕尔的战铠。关于岭·格萨尔时代的遗风，最为典型的是妇女的头饰。在德格地区，妇女头饰十分独特，额头中间和后脑中间，分别佩戴有以铜质镀金为花瓣、珊瑚为花蕊的花朵，称为"麦朵"；额际两侧的细发辫上，缀有松耳石和珊瑚珠。在阿须和麦宿一带，饰物稍有区别，"麦朵"由蜜蜡和珊瑚制成。相传这两种头饰均系格萨尔王的爱妃珠牡的饰品，在白玉、石渠等地，以及西藏昌都，妇女现今仍崇尚这种打扮。

图3-1　格萨尔王彩绘石刻骑马征战像（杨嘉铭摄）

图3-2　格萨尔王坐姿像（杨嘉铭摄）

3.《格萨尔王传》文本

《格萨尔王传》文本有木刻本和手抄本两种，形式有分部本和分章本两类。《格萨尔王传》最早的文字为手抄本，20世纪30年代法国学者大卫·尼尔在岭仓土司家看到许多手抄本，认为林葱土司的手抄本是《格萨尔王传》的权威版本。1980年以后，在德格县境内还收集到《征服象雄珍珠国》《征服马拉雅药物国》《征服北方珊瑚国》《征服阿扎宝石国》等几部手抄本。

《格萨尔王传》的木刻本极为珍贵,在全国藏区仅发现7部(不含北京的蒙文木刻),除1部为今西藏江达县所刻之外,其余6部均为德格县所刻。

4. 格萨尔藏戏

格萨尔藏戏于19世纪末发祥于德格,创始人为德格竹庆寺第五世活佛土登却吉多吉,其后,逐步向其他寺庙传播。目前,德格县的14座寺庙,每年都要演出格萨尔藏戏。在色达等县,也有格萨尔藏戏团。各寺庙演出格萨尔藏戏时,在服装上有一定的区别,少数寺庙演出时演员要佩戴面具,其中竹庆寺的

图3-3　格萨尔王金面具(杨嘉铭摄)

格萨尔藏戏面具最为齐全,共有80余具,同时,竹庆寺的面具也较权威。据说土登却吉多吉是从梦中得到岭·格萨尔王的点化而完成格萨尔藏戏创作的,因此其他寺庙的面具都参照竹庆寺面具的造型制作。

5. 格萨尔王的民间传说

《格萨尔王传》的口头流传形式,除了说唱以外,还有大量的民间传说。这些民间传说,大体上可以分为两个类别,一是传说故事与民歌,二是地名和自然实体传说。在德格县境内,有关岭国和格萨尔王的传说故事极多,题材广泛,内容生动丰富,既有格萨尔王与珠牡的爱情故事、与30员大将共同征战的经历,也有格萨尔王与叔父晁通斗智的传说。这些民间传说故事,有的与史诗《格萨尔王传》情节大同小异,有的则独具特色。在德格等地还流传着赞颂岭·格萨尔的民歌和颂词,流行一种叫作"岭卓"的锅庄(藏族的一种舞蹈)。在甘孜州,有许多涉及格萨尔的地名,其中德格县境内就有数十处之多,包括行政区划地名15处(未算乡、村重名的地方)、自然实体地名18处。

图3-4 格萨尔王壁画（杨嘉铭摄）

（二）雪域文化的宝库——德格印经院

德格印经院全称"藏文化宝藏德格印经院大法库吉祥多门"，藏语简称"德格巴宫"，始建于1729年，总占地面积约5000平方米，建筑占地面积近3000平方米，总建筑面积9000余平方米，坐落在德格县城（更庆镇）文化街。

德格印经院成立200多年来，所藏经版最多时达30多万块，至今院藏书版基本完好。它不仅以兼容并蓄、版本良好、印刷考究闻名于世，而且也以所藏各类印版的数量众多、内容完备在国内外享有盛誉。德格印经院的经版内容丰富，孤本与珍本多，艺术价值高，学术研究价值突出。

德格印经院从建院到2005年共收藏有各类典籍达480多部，1380多册，60余万页，近5亿字；各种版画6000余幅，经版30余万块。所收藏的典籍内容包括：佛学经典、佛本生传、佛学哲理、佛教伦理、道德修养、文学逻辑、历史传记、辞书文法、天文历算、诗歌音律、医学气功、绘画工艺、

图3-5 德格印经院（杨环摄）

建筑雕刻等，几乎囊括了整个藏区70%以上的典籍著作。国内外藏学界均认为，"藏版文字最标准、经版制作最精美、收藏保存最完整、印刷雕刻工艺最原始、各类典籍门类最齐全，几乎无差错和缺损"的藏文典籍就出自德格印经院。

德格印经院收藏的印版中，不乏孤本、珍本、范本。如该院收藏的《印度佛教源流》，在佛教的发源地印度早已失传，国际上的科研工作者和佛教徒要阅读此书，都需要求助于德格印经院。《汉地宗教源流》一书，也是研究汉地佛教和考查历史上汉、藏关系的珍贵材料。拥有300年历史的藏文、藏文转写梵文、乌尔都文3种文字刻制的《般若八千颂》经版，是中国藏区乃至信仰佛教的国家和地区现存的孤本，亦为世界所仅有。1729年至1742年完成的在当时最全面、最完整、雕版十分精细的藏文《甘珠尔》和《丹珠尔》（合称《藏文大藏经》，有"藏族大百科全书"之称）的德格版本，即使在今天也是众多版本中的范本。近年来由中国藏学研究中心《藏文大藏经》对勘局勘校出版的《甘珠尔》，就是以德格版本为范本，对照其他版本刊印而成的。

在德格印经院珍藏的印版中，还有部分极其珍贵的、艺术价值极高的木刻画版，包括376块古画版和近20年来刻制的3385幅《大宝伏藏·灌顶图片》。这些画版主要由唐卡画版、坛城画版和风马旗画版3个部分组成，其中唐卡画版最具代表性，留下了许多藏族绘画大师的传世佳作。这些画版不仅涉及的题材广泛，涵盖的藏传佛教教派齐全，而且绘画和雕刻精美，堪称一绝，是一笔宝贵的艺术财富。

图3-6　德格印经院版库（杨嘉铭摄）

迄今为止，德格印经院不仅在中国，就是在世界范围内，也算得上是保存藏文古旧印版和文献最多的地方，其中的印版和文献对研究藏民族的历史、政治、经济、宗教、科技、文化、艺术均有极高的学术价值，在世界文化宝库中，具有典型意义和普遍价值。

自20世纪80年代以来，国家就十分重视对藏族文化的重要遗产——德格印经院的保护。1980年，德格印经院被四川省人民政府列为省级重点文物保护单位。1996年，德格印经院成为全国重点文物保护单位。2006年6月，"德格印经院藏族雕版技艺"由文化部正式确定为全国首批非物质文化遗产代表作。2009年，作为传统技艺的德格印经院雕版印刷技艺被联合国教科文组织列入《人类非物质文化遗产代表名录》。

德格印经院印刷的文献典籍不仅在中国广大藏区得到广泛传播，也被

国外诸多博物馆和研究机构收藏，同时还远销印度、尼泊尔、不丹、日本以及东南亚一些国家和地区，可见德格印经院实属世界性的"刻版印刷博物馆"。时至今日，其刻板、造纸、印刷、装帧等诸多环节还保持着传统技艺，为已逐渐消失的刻版印刷文明提供了古老而鲜活、真实而质朴的例证。

（三）民族建筑精品——高碉

高碉建筑是四川民族地区一种极为特殊的设防建筑。藏、羌先民在极其恶劣的自然环境中，用最原始的建筑材料——天然石块和黏土，以惊人的智慧、丰富的想象力和灵巧的双手，垒筑起高碉这种功能特异、造型独特、高耸入云的精美建筑，竖起了一座人类文明的丰碑。它创建出了独树一帜的建筑体系和建筑文化，丰富了中国和世界的建筑文化。2002年以来，在四川省和国家有关部门的重视和关怀下，四川藏区的高碉建筑开始被纳入申报世界文化遗产的议事日程。

据史料记载，四川民族地区的高碉建筑，是古代居住在岷江、大渡河、雅砻江、金沙江流域的藏、羌先民创造的，它的历史十分久远。据专家考证，在《后汉书·南蛮西南夷列传》中所记载的高至十余丈的被称为"邛笼的石屋"的建筑，就有高碉的影子，只不过当时高碉建筑还未被完全分离出来成为一种相对独立的建筑体系。及至南北朝时期，历史文献中已经有了对高碉建筑的明确记载；唐代史料中将其称为"碉"。即是说，在距今大约1600年的时期，在岷江、大渡河和雅砻江流域一带居住的众多部落，为了抵御外来的侵扰，创造了具有较强防御功能的建筑以自卫。从唐代以来至清乾隆时期，高碉建筑在四川民族地区得到了更大的发展，主要标志为：高碉建筑的分布地区有所扩展；高碉数量不断增加，造型和建筑工艺更加完善。据清阿桂《平定两金川方略》载，仅在今金川县的卡撒乡小卡撒寨一处，高碉数量就达300余座。

在四川境内，就河流流域而言，岷江、大渡河、雅砻江、金沙江四条大河流域皆有高碉分布。就当今行政区划而言，在阿坝藏族羌族自治州、木里藏族自治县境内皆有高碉分布。现今仍保留和使用高碉的世居民族，一是居住在今岷江流域的汶川、茂县、理县等地区的羌族；二是除红原、若尔盖、阿坝、色达、石渠等纯牧业县和泸定等地区的其他民族。就高碉分布的密集程度而言，大致可分为核心区、较密集区和辐射区三个板块。核心区为今金川、小金和丹巴等地区；密集区为今康定、九龙、道孚、雅江、新龙、马尔康、黑水、理县、茂县、汶川等地区，其余为辐射区。

有关史料和目前已有的研究成果表明，四川藏区的高碉，按使用材料来分，可分为土碉、混合碉、石碉3类；按外部形状来分，有三角、四角、五角、六角、八角、十二角、十三角等7种；从功能上来分，有宅碉、寨碉2大类。在寨碉这个大类中，还可以分出若干功能类型，如界碉、烽火碉、风水

图3-7　十三角碉（杨嘉铭摄）

碉、要隘碉等。

民间还有姊妹碉、公碉、母碉、房中碉、经堂碉、阴阳碉等，这些有名讳的高碉，许多都与当地的民俗有关，有动人的传说故事。

（四）风格特异的民族新年

1. 藏历年

藏历年的正式使用是在公元1027年，距今已有990多年的历史。唐代以前，藏族以麦熟为新年，后来，由于文成公主入藏，许多中原文化传入西藏，其中包括历算，所以藏区民众在欢度藏历年的同时也欢度春节。

藏历年是藏族传统节日，从每年藏历正月一日开始，持续3至5天不等。藏历十二月初，人们便开始准备年货，家家户户在水盆中浸泡青稞种子，培育青苗。十二月中旬每家每户陆续用酥油和白面炸油馃子（卡赛），油馃子的种类很多，有耳朵状的"古过"，有长形的"那夏"，有圆形的"布鲁"，等等。接近年关，每家都要准备一个画有彩图的长方体竹素琪玛五谷斗，斗内装满酥油拌成的糌粑、炒麦粒、人参等食品，上面插上青稞穗、鸡冠花，盖上用酥油做的彩花板，并准备一个彩色酥油塑的羊头。这一切都具有喜庆丰收，预祝来年风调雨顺、人畜兴旺的含意。除夕前两天屋内外进行大扫除，摆新卡垫，贴新年画。二十九晚饭前在灶房正中墙上，用干面粉撒上"八吉祥徽"，在大门上用石灰粉画上象征永恒吉祥的符号，表示岁岁平安。除夕晚上，各家在佛像前摆好各种食品，为了使节日期间有充足、丰富的食品，在这天晚上，全家人要忙碌到深夜。这天晚饭，各家要吃面团突巴（古突）。在面团突巴中，特意制作几个包有石子、辣椒、木炭、羊毛等不同夹心的面团，每一种夹心都有一种说法，石子预示心肠硬，木炭预示心黑，辣椒预示嘴如刀，羊毛说明心肠软。吃到这些夹心的人，均即席吐出，引起哄堂大笑，以助除夕之兴。这一种饮食娱乐活动增添了节日的喜庆欢乐气氛。

到初一这天,要将青苗、油馃子、羊头、五谷斗等摆于佛龛茶几上,预祝新的一年人寿粮丰。大年初一天不亮,家庭主妇便从河里背回"吉祥水",然后唤醒全家人,按辈排位坐定,长辈端来五谷斗,每人先抓几粒,向天抛去,表示祭神,然后依次抓一点送进嘴里。此后长辈按次序祝"扎西德勒"(吉祥如意),后辈回贺"扎西德勒彭松措"(吉祥如意,功德圆满)。仪式完毕后,便吃麦片土巴和酥油煮的人参果,接着互敬青稞酒。初一一般禁止扫地,不准说不吉利的话,互不走访做客。

初二亲友之间相互登门拜年祝贺,互赠哈达。男女老少都穿上节日的盛装,见面互道"扎西德勒"。藏历新年期间,在广场或空旷的草地上,大家围成圈儿跳锅庄舞、弦子舞,在六弦琴、钹、锣等乐器的伴奏下,手拉手、人挨人地踏地为节、欢歌而和,孩子们则燃放鞭炮,整个地区沉浸在欢乐、喜庆、祥和的节日气氛之中。在城乡,要演唱藏戏,跳锅庄和弦子舞;在牧区,牧民们则点燃篝火,通宵达旦地尽情歌舞。民间还进行角力、投掷、拔河、赛马、射箭等活动。

2. 羌历年

羌历年,羌语称"日麦节""日美吉",意为"羌历新年""过小年""丰收节"等,是羌族一年中最为隆重的节日,时间为每年农历十月初一,一般持续3至5天,有的村寨要过到十月初十。节日中的大型活动有感恩、祈福和吉庆的程序。

羌历年主要分布于四川省绵阳市北川羌族自治县和阿坝藏族羌族自治州的茂县、松潘、汶川、理县以及其他羌族聚居区。羌历年于2006年被四川省人民政府列入第一批非物质文化遗产名录,于2008年被列入第二批国家级非物质文化遗产名录。

羌历年起源于对大自然的敬畏、感恩与崇拜,即所谓"祭天还愿"。羌历年据说来源于一个美丽的故事。在很早很早以前，天神的幺女儿木姐珠爱上了人间的羌族小伙子斗安珠后，便不顾天条律令，执意下凡和他结婚，一到人间，她就把出嫁时父母赠送的树种、粮种种植在山野田园，把牲畜放入草地，到了秋天，树种很快就长成了森林，粮种带来了五谷丰收，畜禽也生长兴旺，人类繁荣昌盛，大地一片生机。她为了感谢父母恩惠，就把丰收的果实、粮食、牲畜摆在原野上祭祀上天，表达心中的感恩情怀。以后又在每一年的同一天举行相同的仪式，而那天正好是十月初一，所以后来羌族人民就把这一天作为自己的节日。

同时，天神木比塔也觉得人间辛苦了一年，在万物归仓之时应该放松欢庆一番，就指点羌人说："你们应该过年。"在得到了天神的授意后，羌人就以太阳历（夏历，一年按十个月计）为依据，由释比用羊角卜卦和用铁板推算，算出十月初一是个好日子，就将那天作为了新年的开端。

直到明清时期，羌族人才开始过春节，并把它称为"过大年"，而称羌历年为"过小年"。在此前，羌历年一直是羌族人最隆重的节日，因为到了农历十月初一，经过了春天的耕种和秋天的收割，辛劳了一年的人们已进入农闲时节，耕牛也被放上山野享受着悠闲时光，所有的一切都是让人高兴的事情，除了载歌载舞欢庆丰收，已没有什么方式能表达心中的喜悦了。加上羌族信奉多神，相信万物有灵，认为风调雨顺、吉祥安康是众神保佑的结果，所以过年是欢乐而神圣的，"祭天还愿"的用意贯穿始终。

祭祀是羌历年最重要的活动，寨上村民盛装参加，这期间劳动停止，祭祀仪式因地域支系不同而大同小异。释比宰牛羊祭祀天神，各家则以面做的小禽畜作为祭品，供奉天神和祖先。有的村寨要祭山神，每家派人携面制祭品参加。当神林中敲击的皮鼓声响起，神杖彩带激烈挥动时，释比的跳神便把村民带进了庄重肃穆、充满虔诚和期冀的气氛中。宰羊时，释比用冷水淋洒羊头，羊头不停摆动，说明山神领受了，可杀；不摆动，则不敢杀。羊血洒于神坛前，以羊头恭敬山神。敬神的肉会分给各家各户带回享用。跳神后，各户代表于神林中围坐吃煮熟的羊杂羊肉，豪饮咂酒。有的村寨当年若无成人死亡，还将在墙上绘制白色吉祥符号以庆人畜兴旺、庄稼丰收。

祭祀活动结束后，全寨青壮男子与老人汇合，组成庆吉队伍，载歌载舞到每家每户祝贺，并由老人领唱，众人合唱喜庆歌；有的汇聚寨子坝中，欢跳沙朗、锅庄，畅饮咂酒；也有相邀家中，围着火塘跳舞唱歌的，都是尽兴方休。羌历年的庆吉活动，少则两三天，多则六七天。过年期间，无论到哪家做客，主人都会热情招待。

3. 彝历年

彝历年，凉山彝语叫"库斯"，即"过年"。"年"，彝语把它叫作"库"，其义为转、回、回转、回归、循环。"斯"，即新，意思是新年，这是大小凉山彝族传统的祭祀兼庆贺性节日，节日中的许多仪式与祖先崇拜有关，充满浓厚的祖先至上色彩。"库斯"一般选定在农历十月，庄稼收割完毕的季节。彝历年持续3天。彝历年的头夜叫"觉罗基"，第一天叫"库斯"，第二天叫"朵博"，第三天叫"阿普机"。过彝历年时全家团聚，杀猪、杀鸡，庆贺当年人丁兴旺，期愿来年吉祥安康等。彝历年始于何时现已无从查考，但它一直都是彝族的重要节日，彝族人对它十分重视。

彝族时空观念中一般把最北的端点作为起始点。冬天太阳日落点南移到最南端后，不再南移，停留几天后又往北移，此端点被称为"布古"，意为"太阳转回点"。然后到夏季时太阳落点又移到最北的端点，并将回向南移，此端点被称为"布久"，意为"太阳回归点"。日落点如此在南北两端往返一次就是一年。彝历年一般在冬至"布久"的这个时候过。

彝历新年第一天早晨鸡叫以后，全村就要宰杀年猪，要从同村同寨年长或德高望重的人家开始，依次序宰杀年猪。年猪的胆、胰、膀胱被用来占卜

主人家的吉凶。以猪胆饱满、色泽好，胰平展、无缺陷，膀胱丰满为吉祥的征兆，预示来年人畜兴旺、家人安康、粮食丰收。同时分"舍富""舍民"两餐进餐。"舍富"主要是祭奠祖先，取猪肾、肝、舌、胰与荞粑一同煮熟，敬奉先祖。"舍民"是全家人的集体餐。吃完"舍民"后，男子们要将猪肉切成条块，妇女们则要灌制好香肠，并在当天将鲜肉和香肠挂在火塘上烤，以展示主人家年猪肥、人吉祥，显示主人的富裕。

第二天早晨鸡叫，主人就要起床做心肺三鲜汤，即将年猪心肺捣烂，放在锅里将油熬出来后，再放入水，加豆芽、干（鲜）笋等，做成三鲜汤。全家人起床后就要享用这顿美味的三鲜汤。上午，妇女们组织全村孩子祭果树，即"社日"仪式。每个儿童要带猪前蹄一只及意节粑（细玉米粑）等，选一棵长势丰茂的果树，由一个孩子上树扮树神，众孩子在一位妇女的带领下祈求树神要多结果子，让孩子们分享，保佑孩子们健康成长等，然后将孩子们带来的肉食切成小片放在树丫上或树皮之中。社日结束后是拜年，彝族年的拜年场面壮观热闹，一般数十人一组，到整个寨子挨家挨户拜年，拜年时主人家端上泡水酒让大家喝。下午要煮猪肠、青菜吃，由妇女们准备，男子们在家接待拜年队伍。同时，拜年队伍还要为主人唱贺新年歌，年轻人跳舞、摔跤、跳锅庄等。大家不分彼此，不分亲疏，一起欢庆，通宵达旦。

3天的年过完以后，彝族人就要背上大块的猪肉膀子（一般分成3、5、7块）、酒、糖、千层饼、炒面、鸡蛋等到岳父岳母家拜年。整个十月份，彝族人都沉浸在年节的快乐之中。

二、独具一格的民族工艺美术

（一）享誉世界的噶玛噶孜画派

在四川藏区，最具特色的艺术流派是藏区三大画派中的噶玛噶孜画派，亦简称作"噶孜画派"。

1. 噶玛噶孜画派的历史概况

噶玛噶孜画派主要兴盛于四川甘孜藏区，这里地理位置与汉地接近，再加上历代噶举教派高僧与朝廷密切的文化交往，推进了此派绘画艺术的发展与流传。

噶玛噶孜画派形成于公元15世纪，由藏族大画师南喀扎西结合西藏门孜派画法与骨骼卷轴画、响铜雕塑以及明朝内地丝绢卷轴画的山水画法而创立。南喀扎西活佛从小学习藏文知识，后学习绘画艺术，师从贡却班德吉学习十明学科。一次他到楚布寺，看见当时明永乐皇帝赐的一套依据噶玛巴德西夏巴到南方传法时出现的景象而制作的缂丝唐卡，便模仿这套唐卡的风格开创了一个新的画派，称为"噶孜画派"。画派初创时期，南喀扎西广收门徒，南喀扎西的弟子曲扎西、孖学噶玛扎巴、扎西扎巴、弥觉多吉等发展了噶玛噶孜画派艺术，弥觉多吉以先师理论为基础，结合实践，撰写了《线准太阳明镜》，为该派奠定了理论基础。

公元16世纪，噶玛噶孜画派在藏族绘画界的影响越来越大，先后涌现出了达波果巴、噶玛森哲、噶玛仁青等一批著名画师。

公元17世纪，相继出现了以爱巴古巴、霍尔、巴冲等为首的著名画师。噶玛巴黑帽系第十世活佛曲英多吉后半生致力于该派绘画研究和实践，他的作品至今收藏在四川省德格县一些寺庙中。他的作品融入更多汉地绘画表现手法与构图形式，使得画面形神兼备，并加强金的运用，使得画面富丽堂皇，受到噶举教派的极力推崇和广泛使用。

公元18世纪，噶玛噶举派红帽系司徒活佛系统第八世传人司徒·曲吉迥乃重建德格八邦寺，并致力于噶玛噶孜画派的创作和研究，绘制了很多壁画和唐卡画。司徒·曲吉迥乃吸取了"前""切乌""嘎巴"等流派的艺术精华，进一步发展了噶玛噶孜画派艺术。曲英多吉和曲吉迥乃与南喀扎西并称

"噶孜三扎西"。

19世纪时,噶玛丹增格列尼玛编写了《噶鲁艺术人体原理》。他的作品笔法熟练、色彩逼真、布局严密、主题鲜明、艺术造诣高深。1927年,十一世司徒活佛传人司徒·白马翁秋杰布主持八邦寺大殿"祖拉康"的维修时,亲自参与了该殿大量壁画的绘制,他的一生共创作绘制了200多幅唐卡画。

当代八邦寺高僧通拉泽翁(1902—1989)是德格麦宿白桠乡人,14岁入八邦寺为僧,15岁随该寺画师扎绕学画,1927年八邦寺维修时,他向从青海请来的画师噶珠西学习。通拉泽翁不仅学习唐卡绘制,而且在塑像、雕刻等方面也取得了长足的进步,成为颇有声望的画师。30多岁时,他与索朗尼玛画师合作创作了50余幅唐卡画。1952年,他给德格印经院绘制了《十六罗

图3-8 德格八邦寺噶玛噶孜画派《噶举色称》唐卡组画之一(杨环摄)

汉》等版画40余幅。1981年寺庙开放后，通拉泽翁担任八邦寺寺庙管委会主任，他召集弟子维修寺庙，重新整理绘制了八邦寺大殿内全部壁画。他一生培养了近百名噶玛噶孜画派弟子，遍布甘孜州及其他藏区，著有《藏族绘画史》等美术著作以及其他方面的著作，对此画派的传承具有很大的贡献。

2.噶玛噶孜画派的艺术特色

噶玛噶孜画派受汉地青山绿水画的影响很大，在佛造像上以尼泊尔铜佛像和勉塘画派的《如来佛身量度明析宝论》为准则，人物刻画借鉴中原南方画派风格，面部表情逼真传神；色彩偏重青绿，赏心悦目；在表现方法上与藏族传统绘画和中原画风都有所不同，讲究点染功底，空间用淡彩渲染，自然过渡，很少平涂；用线刚劲流畅，以铁线描勾勒人物，用兰叶描绘衣纹花草。八邦寺《十八罗汉像》唐卡是此派的典型作品。噶玛噶孜画派的用笔和色调吸收了内地工笔画的风格，而空间环境布局则采纳了印度画风。可以说，噶玛噶孜画派最大的贡献在于将汉地的绘画语言与藏区的艺术形式进行了完美结合，其艺术特色表现在装饰性、浪漫性、自然性三方面。

（1）装饰性特色。除去宗教方面的意义，唐卡的装饰性是噶玛噶孜画派的最大特色。佛教造像是典型的图像学产物，也是艺术特征的殊胜之处。噶玛噶孜画派唐卡的图像成系列，洋洋大观。如佛手五指无论做什么动作，总是开放的兰花式样，表现出一种美妙无比的姿态，佛和菩萨的眉眼也被模式化地绘成弯月形，强调装饰性，把装饰性做到极致。噶玛噶孜画派唐卡的造型以图案、纹样、符号为基础，使形象也成为一种装饰。图案装饰包括花木、云水等自然物；纹样装饰包括人物衣饰、器皿花纹；符号装饰包括吉祥物徽记图案，如藏区家家户户普遍使用的"郎久旺丹"图案等。噶玛噶孜画派唐卡尤其重视色彩的装饰性，其审美性、实用性、象征性都基于高度的装饰性。噶玛噶孜画派的唐卡图案分别以白、红、黄、蓝、绿五色装饰，其中白色和绿色是度母画中最典型的两种色彩。色彩装饰使藏传佛教成千上万的

神灵的身色有了规范,载入了佛像造型的经典,体现了藏传佛教绘画色彩装饰的深层含义。噶玛噶孜画派的唐卡中线条装饰包括各类色线、墨线和金线组合而成的图案装饰。线描装饰在唐卡装饰中有无穷的奥秘,再复杂的线条都遵循重复、对称、节奏、疏密的形式法则,不同色泽的线描产生不同的视觉效果,极具装饰美。

(2)浪漫性特色。噶玛噶孜画派唐卡非常注重作品的表现手法,并赋予作品以浪漫主义的色彩,实现主观意志的完美追求,具有鲜明的理想性;艺术与宗教结合,将宗教义理蕴含于艺术手法中,满足藏族人民特有的精神需要,形成了藏族美术的独特风貌。

(3)自然性特色。噶玛噶孜画派最大的一个直观特色就是借用了青山绿水的色彩。由于噶玛噶孜画派所在地紧连汉地,历代噶举派高僧与朝廷有着密切的往来和文化交流,所以该画派对汉地青山绿水的设色方法尤其钟爱,采以借鉴,将藏传绘画传统的红黄色基调改成青绿色,起到了神奇的效果,更能表达藏族人民对自然的理解和万物有灵的和谐生态观。

(二)智慧与勤劳的结晶——羌绣

羌族是一个极睿智的民族,更是一个崇尚美的民族。美与艺术起源于劳动,也正由于人们在劳动中创造了那些具有初步形式美的客观对象,对称、平滑等审美概念才相应产生。羌绣色彩鲜艳,精美绝伦,不但显示了羌族妇女的聪明才智,更表达了羌族人民崇尚美的愿望。羌绣历经千年传承和发展,浓缩了历史的精华,成了风格独特的绣中精品,逐渐被人们认同为与湘绣、苏绣齐名的绣中工艺品,成为中华文化瑰宝中的一朵奇葩。

在羌族地区,随处可见穿着民族服装的羌族人,他们衣服上漂亮的图案大多为手工刺绣,是农村妇女在劳动间隙完成的民间工艺品,这些刺绣在羌族的历史上可谓源远流长。2008年6月7日,羌族刺绣经国务院批准入选第二

图3-9　羌族白底蓝花刺绣

批国家级非物质文化遗产名录。

1. 多样的风格

羌族刺绣风格多样，有着悠久的历史。"神农之世，男耕而食，妇织而衣，男女开始分工劳作。"古羌人擅用自制工艺品装饰、美化自己的生活。羌族妇女善于运针走线、拧线织锦，刺绣佳作甚多。明清时期，羌族的挑花刺绣业十分兴盛，羌族妇女从小训练有素，都能针挑线绣，制作出独具风采与特色的围腰和云云鞋、尖尖鞋、朝鞋等。经历漫长岁月的洗礼，羌绣已经形成了内涵丰富、针法独到的民间工艺体系，有挑花、绣花、纳花、盘花、刺绣等技法。挑花刺绣是羌家姑娘的拿手绝活，她们10岁左右就开始受到严格训练，常在耕种之余和农闲之时，从事纺线、织麻布、织毡子和挑花、刺绣等，正所谓"一学剪，二学裁，三学挑花绣布鞋"。

2. 丰富的图案

羌绣内容丰富，其图案种类与题材大多是反映羌族生活或表现当地自然景物的,如植物中的花、叶、瓜,动物中的鹿、狮、马、羊、飞禽、虫、鱼,还有展示风土人情的图案。所挑绣之景物,皆秀丽精致,多含吉祥如意的美好祝愿以及对幸福生活的渴望,如"团花似锦""鱼水和谐""蛾蛾戏花""云云花""瓜瓞绵绵""麒麟呈祥""群狮图""二龙戏珠""五龙归位""三羊开泰""乾坤欢庆""鹿鹤回春"等经典图案,色彩艳丽醒目,形象逼真,可谓风格独特。羌族纹饰图案不但生动,而且寓意深刻。如牡丹象征幸福,瓜果、粮食象征丰收,鸟巢象征喜庆,狮、猪等动物象征欢乐,鱼、龙象征吉祥,等等。服饰中心的纹样团团花为圆形组合,升子印为大方形组合,一颗印为窄边纹样组合,火盆花为宽边大方形团花。角花与边花纹样,有长条形的吊吊花、灯笼花、方格子、万字格、八瓣花、缸钵边、牙签子、树丫子、飞蛾子、合合花等,起着陪衬中间团花的作用。羌族花纹图案的装饰性很强,运用广泛,妇女的围腰、衣襟、袖口、头帕、枕帕、钱包、香包、鞋底、鞋帮、腰带上几乎随处可见各种装饰纹样,这些纹样多位于易损处,既有美化之功效,又能借助密密麻麻的针脚,增强衣物的耐磨性能,延长使用寿命,因而也具有实用价值。

3. 重要的传承意义

羌族刺绣是羌族人民劳动与智慧的结晶,与羌族特定的历史条件、生存环境、宗教信仰等有着密切的联系,它凸显了羌人强大的艺术创造力和高雅的审美情趣,是羌族人民思想、感情、愿望及理想的文化载体。在对文化产业呼声日益高涨的今天,羌族刺绣的传承与发展对于进一步展示羌民族的历史文化、民间艺术以及振兴羌族地区的经济等都具有重要意义。

(三)绚丽多姿的彝族髹漆技艺

凉山彝族自治州是彝族最大的聚居区,其漆艺文化有着十分鲜明的特色,不仅在本民族传统文化中占有十分重要的地位,在中国少数民族的漆艺

图3-10 彝族髹漆器具（凉山彝族奴隶社会博物馆提供）

文化中也最引人瞩目。2008年6月，"彝族漆器制作工艺"成功入列国家级非物质文化遗产名录。凉山彝族漆器造型独特、古朴典雅、敦实厚重、图案华美、色彩艳丽，在我国少数民族漆器文化艺术中有重要价值。

1. 悠久的历史

凉山彝族髹漆制作工艺具有1700多年的历史，彝族喜德县是此项技艺的发源地。相传髹漆工艺在秦汉时期就传入了凉山。据相关资料记载，到了清代，彝族就能以髹漆工艺做出精美的工艺器皿。现保存在北京故宫博物院的清代彝族用髹漆技艺制作的"皮胎漆葫芦"就是最好的历史见证。国内外知名的彝学学者、新中国第一位彝族教授刘尧汉认为，彝族漆器是彝族人民生活、历史、文化的积淀，是彝族文化宝库中一颗晶莹的明珠。

2. 丰富的种类

彝族漆器种类涉及社会生活的方方面面，有餐具、酒具，也有兵器、经师毕摩的法器等。漆器的胎质由经加工的木、皮、竹、角等做成，也有直接用自然物的，如牛角等，按其本来形状磨制漆绘而成。漆器制作，首先要经过锯、刨、磨、粘等工序，然后在器形表面精心漆绘图案纹饰。彝族传统漆器的漆料多是植物胶类的土漆，以矿物质颜料调配，多用锅灰、石黄、朱砂，分别将土漆调成黑、黄、红三色。黑色为天地之本色，寓意庄重与威严，红色代表热情豪放而勇敢，黄色象征着光明与未来。黑、黄、红三色是彝族漆器的基本色。

3. 复杂的工艺

彝族漆器采用纯手工制作，耗时费力，须经近40余道工序方能完成，工期长、劳动量大，土漆漆膜需要在特定的温度、湿度环境下才能慢慢干燥，因此在旧社会中，只有头人和其他贵族方能使用漆器。

4. 天然环保的特性

彝族漆器采用酸枝木、樟木做坯胎，用野生土漆和各种矿物颜料作髹饰，无毒（不含铅）、无异味、耐酸碱、耐高温、不脱漆、经久耐用。这样的漆器制作过程无公害，不污染环境，使用时不会引起过敏反应，也没有其他毒副作用，符合自然、环保的生活理念。

第四章

宗教信仰

四川民族读本

第四章　宗教信仰

　　四川是一个宗教历史悠久，信教群众较多，宗教影响广泛，佛教、道教、伊斯兰教、天主教、基督教俱全的省份，现有信教群众800多万人，开放宗教活动场所2652处（其中寺观教堂2184处，固定处所468处），教职人员72043人，各级宗教团体330个，全省性宗教团体主办的宗教院校6所。

一、藏传佛教

　　佛教产生于印度，始祖是释迦牟尼，属于世界三大宗教之一。四川藏区的藏传佛教历史悠久，公元8世纪就有传播佛教、创建寺院的历史，在传播和发展过程中前后出现了宁玛派、萨迦派、格鲁派、噶举派、觉囊派等流派。

（一）兴起于15世纪初期的格鲁派

　　格鲁派兴起于15世纪初期，该派因僧人戴黄色僧帽，故又被称为"黄帽系"。格鲁派的创始人为宗喀巴，原为噶当派僧人。

格鲁派学修并重、讲修并重的学风使其成为藏传佛教中影响最大的派别。15—17世纪中期,格鲁派在四川康区的昌都、理塘等地建立了少数传法据点。17世纪中期以后,随着四川康区政教格局的演变,格鲁派势力迅速扩大,通过巩固原有寺院、改宗以及新建等主要途径,格鲁派寺院扩展到了四川康区绝大部分重要地区。直至18世纪,格鲁派在四川康区的势力布局大体定形。

1654年,五世达赖阿旺洛桑嘉措派遣弟子曲吉·昂翁彭措到康区建寺弘法,扩展格鲁派势力。他先后在霍尔地区创建了13座大寺,称为"霍尔十三寺"。1727年,雍正皇帝御批拨款16万两白银,在今道孚协德乡修建寺庙,钦定寺名为"惠远寺"。1731年,雍正皇帝御制惠远寺碑文立于寺中,此碑至今犹存。惠远寺和"霍尔十三寺"都是格鲁派在康区的重要寺院。

图4-1 道孚县惠远寺大殿（杨环摄）

图4-2 惠远寺雍正碑（杨环摄）

康区历史最悠久、规模最大的格鲁派寺庙是理塘寺,又名长青春科尔寺,位于理塘仲莫拉卡山脚。寺庙前身为一规模较小的苯教寺庙,明万历八年（1580），三世达赖喇嘛索南嘉措途经该地时令其改宗格鲁派，后成为四川康区第一大格鲁派寺庙，素有"康南佛教圣地"之称。1931年，二世香根昂旺罗绒登增次来嘉措大兴土木，在到处讲经募化、筹集资金的同时，获得西藏地方政府经济上的支持，扩建了顶上大殿。在寺主二世香根时期，该寺已有佛殿、经堂等20多座主建筑和20多座活佛宫室，400多座僧舍，起伏错落，形成一组独特、严谨、华丽的建筑群落，拥有僧侣近4000人，在整个藏区声誉极高，成为康区藏传佛教格鲁派的圣地。

此外，康区典型的格鲁派寺庙还有巴塘的康宁寺、稻城的雄登寺、乡城的桑披寺、木里的木里大寺等。

（二）最早传入四川藏区的宁玛派

宁玛派，俗称"红教"，形成于公元11世纪，是藏传佛教中最古老的一个教派。"宁玛"藏语意为"古""旧"，该派以弘扬吐蕃时期译传的旧密咒为主，故称为"旧"，其法统与吐蕃时期的佛教有直接传承关系，历史渊源早于后弘期出现的其他教派，故称为"古"，亦称"旧译密咒派"。

宁玛派教法的产生及其在藏区的传播可追溯到赤松德赞时期（755—797）。赤松德赞积极扶持佛教的发展，在执政期间，曾从印度邀请寂护和莲花生等高僧到西藏弘扬佛法，并于公元8世纪后期在西藏建立了藏传佛教第一座寺院——桑耶寺，披剃了第一批藏族僧人——"七试士"。"七试士"之一毗卢遮那到了甘孜的察瓦绒地区讲经收徒，修建寺庙。宁玛派僧徒可以分为两大类：第一类僧徒专靠念经念咒在社会上活动，不注重学习佛经，也无佛教理论；第二类僧徒有经典，在师徒或父子间传授。严格意义上的宁玛派是11世纪时索尔波且·释伽迥乃（1002—1062）、索而穷·喜饶扎巴（1014—1074）、卓浦巴（本名释迦僧格，1074—1134）"三素尔"建立寺庙并有较大规模的活动时才形成的。宋高宗绍兴三十年（1160），西藏宁玛派大成就者藏登·卓畏公布派亲传大弟子噶当巴·德西协巴在今甘孜州白玉县河坡一带传法，在那里修建了噶陀寺。此后的数百年间，其规模不断扩大，成为康区和安多地区的宁玛派中心寺庙。到了清初，宁玛派在四川藏区继续发展，一些著名寺庙相继建成。后来在第五世达赖喇嘛支持下，宁玛派得到较大发展。

宁玛派的传承主要分经典传承和伏藏传承两部分。14世纪后，经典传承即不见史载，由伏藏传承取而代之。伏藏为前弘期时莲花生等密教高僧埋藏的密教经典法门，于后弘期时发掘出来弘传于世。藏传佛教各宗派都有伏藏，但以宁玛派最为重视，有南藏、北藏之分，《大圆满法》即为该派独有的特殊伏藏法。

宁玛派不仅是最早传入康区的一个教派，也是康区影响最大、寺庙最多的一个教派。据有关资料统计，康区宁玛派寺庙数量占康区各教派寺庙总数的43.2%。康区在整个藏区宁玛派中也有重大影响，藏区6大宁玛派寺庙中，有4个是在康区境内。宁玛派的寺院在康区的分布较广，其中德格、白玉、石渠、色达、新龙5地分布最为密集。四川甘孜州境内的著名宁玛派寺庙有白玉县的白玉寺、噶陀寺，德格的竹庆寺、协庆寺等。

图4-3　白玉县白玉寺全景（杨嘉铭摄）

（三）13世纪传入四川的萨迦派

萨迦派兴起于11世纪初期，创始人为吐蕃时期昆氏家族的后代贡却杰布（1034—1102）。1073年，贡却杰布在后藏仲曲河谷的萨迦地方修建了萨迦派的第一座寺庙——萨迦寺。以后该教派以萨迦寺为主寺，不断发展，自成一派，遂称"萨迦"。又因该教派在寺庙和僧侣、教徒的住房外墙上涂以红、白、黑三色条纹，红色象征文殊菩萨，白色象征观世音菩萨，黑色象征金刚手菩萨，故俗称"花教"。萨迦派有血统、法统两支传承。元代以后，萨迦派内又出现俄尔、贡噶、察尔3个支派。

萨迦派于13世纪传入康区。宋末，德格土司第28代兄鲁多吉师从萨迦第四祖萨班·贡噶坚赞，在遍修噶举、宁玛两派教义的基础上，精修萨迦经典教法。后其第29代索朗仁青亦为萨迦名僧，曾任八思巴膳食堪布。1260年左右，索朗仁青在白玉县萨玛村创建了康区第一座萨迦派寺庙——萨玛寺。1256年，八思巴从北京返回萨迦，途经康区，开辟萨迦道场，讲经说法，先后在道孚弥勒寺、康定塔公寺、白玉囊甲寺安置佛像，并将八邦、仲萨寺、汪堆寺、银南寺、龚垭寺、白垭寺、俄支寺、柯洛寺、嘎轮寺等寺庙改宗为萨迦派寺庙，并派弟子在康定东俄洛高尔寺山建高尔寺。1268年，又派人到新龙传播萨迦教义，并任命雄巴桑珠为头人，负责萨迦佛事活动。13世纪末、14世纪初，萨迦派又派僧人在大渡河流域讲经说法，修寺建庙。元末，萨迦派已在康区得到较大发展。元末西藏帕竹地方政权取代萨迦地方政权，康区萨迦派势力受到较大冲击，仅在德格地区因受到德格土司的保护而得到较好发展。

康区的萨迦派寺院主要分布在德格、康定、雅江、理塘等地，著名的萨迦派寺庙有德格的更庆寺、仲萨寺、俄支寺，康定的高尔寺、塔公寺、日库寺等。

图4-4　德格县更庆寺全景（杨嘉铭摄）

（四）派系庞杂繁多的噶举派

噶举派形成于藏传佛教后弘期，由玛尔巴译师开创，经米拉日巴瑜伽师的继承，最后至塔布拉杰大师时正式建立并成为一大宗派。从教法传承上看，噶举派派系庞杂、繁多，但其所宣扬的教义、教规大体上一致，均源于玛尔巴和米拉日巴。

该教派支系繁多，总体上讲有两大传承，一是直接从玛尔巴并经米拉日巴传承下来的塔布噶举，二是由琼波南觉开创的香巴噶举。后来香巴噶举衰微了，而塔布噶举则兴旺发达，最后又分支发展为"四大八小"众多支系。"四大"即从塔布噶举大系中分出的帕竹噶举、蔡巴噶举、拔绒噶举、噶玛噶举4个大的支系；"八小"是从帕竹噶举大系中分出的止贡、达垅、主巴、雅浦、修赛、叶巴、玛仓8个小支。

噶举派在康区的主寺为八邦寺。八邦寺位于德格八邦乡，始建于南宋淳熙十年（1183），初以创建者巴登·向秋能巴之名为寺名。八邦寺的最高组织者为活佛,该寺共有司徒、贡珠、清真、温根等4个活佛系统。其中,司徒活佛系统在藏区乃至全国都具有较大影响。清廷曾两次诏请第一任司徒活佛赴京讲经。1733年,为协助清廷平定大小金川,司徒活佛抱病出行,不幸圆寂于途中。清廷不仅对其进行了追封,而且还给予八邦寺厚赏,并下诏书保护该寺。民国时期,司徒活佛曾担任五明佛学院的康北宣教师、德格县参议会副参议长。

噶举派寺庙在四川康区主要分布在德格县,石渠、甘孜、乡城、得荣次之。康区典型的噶举派寺庙还有德格岔岔寺、康定贡嘎寺。格鲁派兴起后,其寺庙改宗格鲁派者较多。

图4-5　德格县岔岔寺(杨嘉铭摄)

二、羌族释比

(一)释比的概念

释比在羌族社会里是一种不脱产的民间巫师,扮演着多种社会角色,它

是羌族社会的特殊产物,是羌族社会中最权威的文化传承者和知识集成者。

"释比"汉族称为"端公",在羌族不同地区又有好几种称呼,如"许""比""释古""释比"等。释比作法,是古老的羌民族遗留至今的一大奇特、原始的宗教文化现象。

羌族本是一个信奉原始宗教,信奉"万物有灵"的多神崇拜的民族。羌人视天地日月、山川树石为神,笃信大自然中有无数法力无边、威严神圣的神灵(如祖先、英雄、神)。羌人自古好巫,受这种民俗信仰的支配,又衍生出崇尚祭祀、禳灾纳福、驱疫解厄以及婚丧嫁娶、生老病死等方面成套的礼仪和民族习俗。

(二)释比文化

羌族因其特殊的历史经历、独特的居住环境以及生产生活条件等的影响,逐渐形成了崇拜自然和祖先,信奉"万物有灵"的多神信仰,在此基础上产生了释比和以释比为代表的释比文化。

释比与释比文化亦是羌族社会中颇具特色的民族文化现象。在羌族的日常生活中,凡人有疾患,均被认为是魔鬼缠身,要请释比诵经请神,驱疫逐魔,或用巫术(含巫法、巫医、单方草药)为人解除病痛。释比以及由他们传承的精神与文化,也给予了羌族社会巨大影响。

释比文化是羌族非物质文化遗产中最为核心的部分,释比是羌族宗教仪式的执行者,也是通晓羌族历史和传说的说唱艺人。释比本身有着非常神秘的内涵和意蕴。现在,有一部分研究者就是从释比开始进入对整个羌族历史文化的研究的。从释比的史诗诵唱中,人们发现释比是羌族文化的传承者,释比文化是羌族文化的大百科全书,羌族人对释比说唱有着一种发自内心的敬畏。释比一直就没有脱离羌族生产生活等基础的社会活动。释比来源于羌族族群,根植于羌族族群,引领着羌族族群,服务着羌族族群,将羌族的智慧和历史文化一代代地传承发展下来，指引着整个族群的生产生活和社会发展。

（三）释比的传承原则

释比是羌族文化的集大成者，也是羌族文化的传承者、维护者和传播者。羌族释比的本事不是与生俱来的，而是通过师父的传授和自己的学习获得的，长期以来，羌族释比的传承形成了一套独特而完整的程序。

一是选徒。羌族释比在挑选徒弟时遵循"传内不传外"的原则，优先考虑释比本人的至亲，然后逐步扩大选择范围，一般不收外人为徒。以血缘关系为纽带传承的释比历史悠久，社会地位高，并且稳定。除以血缘关系为纽带传承外，羌族释比也有以外人拜师学艺传承的，但数量很少。二是拜师。选好释比候选人后要举行拜师仪式，候选人发誓遵守师规，永不违背。这一环节，即使是血缘传承也不能缺少，因为在传承技艺时只有师徒，没有父子。三是学艺。羌族有民族语言而无文字，释比经典是通过口传身授的形式传承的。师父在教授的过程中遵守"传真不传假"的原则；徒弟除了学习宗教仪轨外，还要学习制作法器。

羌族释比传承过程中的很多要求是为了维护释比的神圣性和在羌族人心中的地位，这些仪轨曾经对释比的传承发挥了重要的作用，但也增加了羌族释比的传承难度，造成了学习释比者众而学成者少的情况。

三、彝族毕摩

（一）毕摩的概念

"毕摩"是彝语音译，"毕"为"念经"之意，"摩"意为"有知识的长者"。毕摩是一种专门替人礼赞、祈祷、祭祀的祭师，他们皆神通广大，学识渊博，主要职能有作毕、司祭、行医、占卜等，学界大多将他们等同为祭司。彝族民众从古至今都认为毕摩是智者，是知识很丰富的人，因为毕摩识古彝文，通晓彝文典籍，能通过念诵经文等形式和鬼神沟通，充当人们与鬼神、祖先之间的矛盾调和者，并通过象征性极强的祭祀、巫术等活动处理人与鬼怪神灵的关系，以求得人丁安康、五谷丰登、六畜兴旺。所以说，毕摩既是彝族民间宗教活动的主持者和组织者，又是彝族民间宗教信仰的代表者和传承者。

在没有专职医疗人员的彝族社会，毕摩不仅是宗教仪式的主持者，还是医生。毕摩神通广大，学识渊博，不仅有作毕、司祭、行医、占卜等主要职能，还兼有整理、规范、传授彝族文字等文化职能，要负责撰写和传抄宗教、哲学、伦理、历史、天文、医药、农业、工艺、礼俗等各方面典籍。毕摩在彝族人的生育、婚丧、疾病、节日、出猎、播种等生产生活中起着重要作用。毕摩既掌管神权，又把握文化；既通司鬼神，又指导人事。在彝族人民的心目中，毕摩是整个彝族社会中的知识分子，是彝族文化的维护者和传播者。

图4-6　毕摩作法（凉山州档案馆提供）

（二）毕摩的传承原则

毕摩有严格的传承惯制，与彝族社会的父系继承制度相适应，毕摩的传承奉行传男不传女的原则。在彝族人看来，毕摩是一个神圣的职业，必须限制在族体内部传承延续，使家支永远保持毕摩世家的殊荣和地位。女性17岁以后无论结婚与否都不再被视为父亲家支的成员，因而没有继承毕摩神职身份和地位的权利与机会。

四、纳西族东巴

纳西族是一个具有古老文明的民族，他们的文字是云南最古老的少数民族象形文字。纳西族信奉多神的原始巫教——东巴教。东巴教是纳西族原始宗教，其祭司叫"东巴"，意译为智者，是东巴文化的主要传承者，是纳西族最高级的知识分子，他们多数集歌、舞、经、书、史、画、医各种文化技艺于一身。

东巴文化就源于东巴教，它同世界上其他民族的古文化一样，是一种宗教文化，同时也包含了丰富的民俗活动。具体而言，东巴文化包括象形文字、东巴经、东巴绘画、东巴音乐舞蹈等，其中东巴文字是世界上罕见的图画文字，引起了世界各国学者的极大关注与重视。

东巴文字被誉为"东巴文化的瑰宝"，是纳西族在传统宗教东巴教的经书中使用的一种图画文字，由东巴用竹尖笔或铜尖笔蘸上用松明烟和酒、胶水、胆汁调制成的墨汁，写在树皮制的厚绵纸上。东巴经就是用东巴文字写成的，堪称内容丰富的纳西族百科全书。东巴经共有两万多卷，记录了纳西族的生活面貌及与其他民族的关系，还有古老的神话故事、叙事诗、民谣、谚语等，为研究纳西族社会历史、语言文字、宗教信仰、生活习俗等提供了

图4-7 纳西族东巴文字（来源于网络）

宝贵的资料。

纳西族具有优秀的音乐传统，纳西古乐是云南最古老的音乐。纳西古乐中，最著名的是大型组曲《北石细里》，据谐音俗称"别时谢礼"，汉语又译作"白沙细乐"。

五、其他宗教信仰

在四川民族地区，除了独具民族特色的宗教外，还有外来的宗教。

（一）伊斯兰教

明代，西北地区的大量回族商人进入今阿坝州，逐渐定居于岷江和杂谷脑河一带，并开始在杂谷脑、松潘、汶川、茂县等地建清真寺。清乾隆年间，在今阿坝州的阿坝、红原和若尔盖等地区，建有少量清真寺。至清末时止，阿坝境内清真寺数量达20余座。其中，松潘、茂县两地的清真寺最多，较具代表性的有金川县清真寺、若尔盖纳摩清真寺、松潘县清真寺和阿坝县城关清真寺。

伊斯兰教传入今甘孜州的时间晚于传入阿坝州的时间。回族迁入今甘孜州的时间始于清初，地点主要在康定和丹巴两地。清末，在巴塘和雅江也有少量回族定居，故康定和巴塘、雅江等地建有清真寺，其中较具代表性的为康定清真寺。

（二）道教

四川民族地区紧邻四川盆地，长期以来，受到汉族影响较大，加之汉族相继迁入，与当地的其他民族杂居，道教也随之传入四川民族地区。道教的传入零散，目前尚无史料可考。最早建立的道观，当数今阿坝州松潘的黄龙寺，该寺始建于明代。此外，在今阿坝州内的小金、茂县、汶川以及今甘孜州内的康定也建有道观，如小金的观音阁、青山寺，茂县的老君寺，汶川的水磨黄龙寺，康定的德备坛等。

（三）基督教与天主教

基督教与天主教传入四川民族地区是近代以来的事。传入较早的是天主教。清咸丰十年（1860），法国传教士丁盛荣受罗马教廷之命赴西藏传教受阻，便立足康定，建立教堂，并以康定作为天主教的大本营。至公元1920年，天主教在今甘孜州的巴塘、丹巴、道孚、炉霍、泸定等地和阿坝州大小金川一带均建有教堂。同年，天主教在今西藏昌都市、云南滇西北地区的教务均由康定教区统理，其中较有代表性的教堂建筑当数康定的真原堂。

基督教在四川民族地区的传播者主要为英、美传教士，由美以美会、内地会、安息会三个教会组织具体执行传教事务，传入时间晚于天主教。其根据地主要也在康定，同时在巴塘建有教堂。在基督教教堂中，较具代表性的为康定的福音堂。

图4-8　康定福音堂（甘孜州档案馆提供）

第五章

多彩民俗

四川民族读本

第五章 多彩民俗

四川民俗文化，是四川民间风俗与生活的缩影，也是在四川民族地区生活的民众所创造、共享、传承的文化，是在普通人民群众的生产生活过程中形成的一系列非物质的文化宝藏。

一、欢乐节庆

（一）康定"四月八"转山节

藏族转山会是我国藏族的传统节日，节日时间为每年农历四月八日，盛行于四川省甘孜藏族自治州康定地区。农历四月初八，相传为释迦牟尼诞生的日子，这天九龙喷圣水，为其沐浴，故又称"浴佛节"。康定城区的各佛寺都要组织仪仗队自康定东门出，上跑马山，下经公主桥，转金刚寺、南无寺，沿阿里布谷山腰至子耳坡返回。信徒们亦随之转山，以纪念佛祖诞辰。甘孜远近群众先到寺庙里燃香祈祷，焚烧纸钱，然后转山祭神，祈求神灵保佑。转山后，支起帐篷进行野餐，演藏戏，唱民间歌谣，跳锅庄舞、弦子舞，骑手们还进行跑马射箭比赛。在此期间，人

们还要举行物资交流活动和其他文化体育活动。这时正是康定春暖花开的季节,宗教信徒们在转山礼佛的同时,又踏春畅游,久而成俗,"四月八"转山节就成了康定各族人民的民间传统节日。转山节期间,人们在转山礼佛、焚香烟祭的同时,举家携食品去南郊金刚寺、南无寺或跑马山进行歌舞、野餐、郊游等活动。

康巴是歌舞之乡,转山节上的一项重要内容自然是歌舞了。弦子是藏族歌舞的一种独特形式,舞者不分男女,均着长袖衬衣,由数名手持胡琴的男子领头,随后以男女为序依次排列,围成一个大圆圈,人数可多可少,曲调一般是先缓后急,节奏明显。舞者长袖飞扬,舞步随乐曲的变化而变化,时而高亢轻快,时而舒展柔缓。

近年来,我国各级政府都十分注重发挥民间传统节日的特有功能,将之与民族文化和民族经济相结合,以求共同发展。康定已正式将"四月八"转山节定为全县的传统节日,放假三天,在跑马山上开展丰富多彩的民族文艺活动,并进行招商引资、商贸洽谈以及物资交流等,从而赋予"四月八"转山节以新的生机和活力。

(二)彝族火把节

四川省凉山州是我国彝族最大的聚居区,火把节是该地最盛大的传统节日,在彝族众多传统节日中规模最大、内容最丰富、场面最壮观、参与人数最多、民族特色最为浓郁。火把节对彝族同胞来说,如同汉族的春节一样,特别隆重。彝族人有句谚语:"火把节没有看错了的,彝族年没有过错了的。"

火把节在每年农历六月二十四日这一天举行。在火把节上,彝族同胞家家饮酒、吃坨坨肉,并杀牲以祭祖先,他们还要穿上节日的盛装,载歌载舞,举办声势浩大的选美和斗牛、射箭等活动。

关于火把节的由来，有许多传说。其中有一个传说是，很早以前，天上有个大力士叫斯惹阿比，地上有个大力士叫阿体拉巴，两人都很有力气。有一天，斯惹阿比要和阿体拉巴比赛摔跤，可是阿体拉巴有急事要外出，临走时，他请母亲用一盘铁饼招待斯惹阿比。斯惹阿比认为阿体拉巴既然以铁饼为饭食，力气一定很大，便赶紧离开了。阿体拉巴回来后，听母亲说斯惹阿比刚刚离去，便追了上去，要和他进行摔跤比赛，结果斯惹阿比被摔死了。天神恩梯古兹知道了此事，大为震怒，派了大批蝗虫、螟虫来吃地上的庄稼。阿体拉巴便在农历六月二十四那一晚，砍来许多松树枝、野蒿枝扎成火把，率领人们点燃火把，到田里去烧虫。从此，彝族人民便把这天定为火把节。

如今的火把节形式多样，内容丰富，展现了彝族人民的民族文化特色以及浓郁的地域民俗风情。火把节一般举行三天，男人们参加斗牛、斗羊、斗鸡、赛马、摔跤、射箭的比赛，妇女则唱歌、吹口弦、弹月琴、跳达体舞、对歌等。点火把，是火把节里最隆重的一项活动。人们在夜晚举着点燃的火把，成群结队地遍游山野，然后又集中到一处用火把点燃篝火，围着篝火喝酒、唱歌、跳舞，一直欢庆至天亮方休。

（三）羌族瓦尔俄足节

每年农历五月初五，茂县的羌族妇女不分老幼，身着鲜艳民族服饰，佩戴银首饰，前往女神梁子石塔前，参加羌民族古老的传统妇女节——瓦尔俄足。

其实，盛会从农历五月初三就开始了，由会首组织数名净身妇女，手拿香、蜡、酒、柏香、馍、刀头等贡品，结队前往女神梁子的石塔前，敬祀歌舞女神萨朗姐，请女神赐以歌舞，谓之"引歌"。回到村里，再逐户告知信息，谓之"接歌"。农历五月初四，妇女们忙碌地准备美食，以备第二天食用；未婚女性则精心为情人准备亲手绣制的礼物。初五清晨，在晨曦中，人们开启尘封的重阳咂酒，祝福全寨人畜两旺、五谷丰登。萨朗舞是瓦尔俄足节日活动的主要内容，由老年妇女领跳，之后，再逐一将歌舞传授给下一代。男人们则以歌舞附之，并以腊肉、咂酒、馍馍等食品伺候。活动间歇，已婚女性青年女性传授持家之道等生活知识。或有情人漫步私语，或女性间相互笑谈，累了，便三三两两围坐一团，品尝美食，畅饮咂酒，笑谈人生。整个节日活动持续3天，妇女们尽显所能，忘情欢跳萨朗，农事和家务皆由男性操持。依照传统古规，若本寨当年有13岁至50岁的女性死亡，则当年不举办瓦尔俄足节。

瓦尔俄足节由来已久。一说很久以前，日麦咪补（西羌王母）在天上见下界西戎部族妇女社会地位低下，很是震怒，于是决心积善羌家，派纳斯姐（羌语"神塔之女"）下凡，降生在一户贫苦羌民家中。

纳斯姐的父母晚年得子，十分高兴，视其为掌上明珠。一年夏天，西王母为磨炼纳斯姐不怕苦难的意志，布下一场灾难，让其父母染上痢疾先后去世。从此，纳斯姐沦为孤儿，只好弃家出走，为人牧羊，那时她刚好13岁。纳斯姐悲痛欲绝，终日以泪洗面，每天把羊群放到山坡草甸上，用歌声悼念亡父亡母，驱散心中的忧愁。日复一日，年复一年，终于有一天，她的歌声感动了西王母，西王母便派人接她上天。纳斯姐临走时思绪万千，丢不下故去的父母，丢不下父老乡亲，更丢不下生她养她的这片土地。思来想去，她脱下亲手绣的绣花鞋，留在羌山作纪念。

她的失踪惊动了整个羌寨。男女老幼不分昼夜，边走边呼唤她的名字，寻了三天三夜。若干年过去了，乡亲们对她的思念并没有停息，人们无论上山打柴、积肥，还是狩猎，都希望纳斯姐奇迹般出现。一年农历五月初五，本寨猎人在日米柱（地名）打猎时发现了纳斯姐那双绣花鞋，一时间，羌寨沸腾起来，人们奔走呼告："奇迹出现了！纳斯姐变仙女了！"后来，羌人为纪念她，便在她留下鞋子的地方修了一座祭塔，叫"酷不里"。以后每年这一天，羌人都在塔边歌舞，农历五月初五的瓦尔俄足节就这样诞生了，后又与传说教会羌人歌舞的女神萨朗姐的传说融会，形成了今天的瓦尔俄足节习俗。

从历史进程看，羌族传统节日瓦尔俄足与本民族历史、传统文化、古老的母系崇拜习俗密不可分。作为我国最古老的民族之一，羌民族有着悠久历史和灿烂文化。在数千年民族历史进程中，很多古老民俗及其民族历史均散见于汉文古代典籍中。瓦尔俄足经民间不懈传承，完整保留了古羌固有的独特民俗文化，集歌舞、饮食、宗教、仪式、服饰、建筑等于一体，能较完整地反映羌族文化概貌，在羌民族民间文化中占有重要地位，具有很高研究价值。因此，瓦尔俄足节被收入首批国家级非物质文化遗产名录。

（四）苗族踩山节

苗族节日丰富，以踩山节最为隆重。农历正月初三至十五为踩山节，各村寨的具体时间并不一致。节日期间，在踩花山的山坡场上，汇集了附近苗寨的人，热闹非凡。他们穿着节日盛装，成群结队地从四面八方赶来，在山坡场问候亲戚朋友。

踩山节的活动丰富多彩，有斗牛、斗画眉、吹芦笙、爬花杆等。爬花杆是苗族人喜爱的娱乐活动。活动前，先在山场上高高地竖起一根10多米长的花杆，花杆上装饰着绿叶，所以又称其为花树。花杆原是苗族人祈祷生儿育女的供物，后来渐渐成为踩山活动中的用具。花杆下聚集着许多青年男女，他们有说有笑地观看爬花杆表演。爬花杆的小伙子腰扎彩带，头束布帕，面向花杆，手脚并用地向上攀，不一会儿便登上杆顶。最精彩的是倒爬杆，爬杆者背贴花杆，双手向上反扳，于是头朝下、脚在上，一纵一纵地向上跃，一眨眼工夫就到了杆顶。随着表演活动高潮过去，人群逐渐分散，有情意的小伙子和姑娘慢慢地聚在一起，尽情言笑。

二、民族服饰

（一）地域特色鲜明的藏族服饰

受自然环境、气候、族群族源，以及同周边的民族地区在经济文化上的交流频繁等多种因素影响，四川藏区的藏族服饰有鲜明的地区特色。

藏族服饰最基本的特征是肥腰、长袖、大襟、右衽、长裙、长靴、编发，配有金银珠玉饰品等。由于长期的封闭式发展，藏族服饰发展的纵向差异并不大，基调变化亦小。藏族服饰的形制与质地较大程度取决于藏族人民所处自然环境和在此基础上形成的生产生活方式。

康区南部气候温暖，地处金沙江、澜沧江流域河谷农区，这里的服装比较轻便、单薄，讲究色彩鲜艳。女式服装无袖的居多，便于从事农活，也适应温暖的气候。服装用料大多为自织的毪子、毛料、山羊皮、氆氇、尼子、布料和绸缎。衣领、袖口和襟边很少镶高级裘皮，就是镶也是很狭窄的一条，镶边用料一般为花格氆氇、布料、锻锦等。康南妇女喜欢戴围裙。妇女的耳饰和项饰里缀有带枝杈的珊瑚和绿松石。得荣、巴塘的男女胸前都挂呷乌，有圆形、正方形、六角形、八角形等。得荣妇女头饰别具一格，年轻妇女头戴银盘，象征头顶十五的月亮；将头发梳成许多细长的辫子，在辫子末端接上特制的约20厘米长的2根银丝棒盘系在额前，银棒一头扎有鲜红的丝线在右额旁飘扬。

康北地区较寒冷，大都为牧区或半农半牧区。男女服装特点为宽大、厚重、有袖，用料大都为皮毛、自织毪子和绵羊皮。皮衣为光面长袍，外套有布料或绸缎两种面子。光面皮衣领襟袖口镶青布。绸缎面子镶羊羔皮、水獭皮或虎豹皮等高级裘皮和锦缎，讲究华丽富贵和潇洒英武。妇女头饰为珊瑚莲花，后脑勺挂一串章嘎银币，在背垫上镶金银和海螺等饰物，有些背垫上镶有琥珀、珊瑚和碗口大的雕花金银装饰。

康东男女服饰在用料上大都为布料、尼子、氆氇、毛料和绸缎，皮毛较少见。形制上有袖无袖兼有，讲究色彩高雅，衣领袖口很少镶边。男女衬衣则镶很细的金丝锻边，俗称金边或银边衬衣，配双银扣。

丹巴、宝兴一带的嘉绒服装一般以披衫和长、短袍为多，而且大多绣有花边。用料一般以自织的毡子和布料为主，镶各类裘皮的服装很少。妇女头盖绣花帕巾，外扎五彩丝线发辫，发辫上套有金银、珊瑚等珠串，身披黑白花格毡子外套，长袍两边开衩，衩口和衣边有绣花装饰，前后系腰裙。

（二）含义特殊的彝族服饰

彝族传统服装形式很多，各地不同。人们习惯以裤脚大小来将彝族从服饰角度划分为大、中、小裤脚区。大裤脚区（义诺服饰），以美姑为代表，包括雷波、甘洛、越西、昭觉的部分地区；中裤脚区（圣乍服饰），以喜德为代表，包括西昌、盐源、木里的大部和甘洛、昭觉局部地区；小裤脚区（阿杜、所地服饰），以布拖为代表，包括普格、宁南、会理、会东和金阳的部分地区。九龙、泸定一带大致为中裤脚区。

1. 男子服饰

（1）"天菩萨"。彝族男子喜蓄一束头发于顶，彝语称"柱尔"，俗语叫"天菩萨"，为彝族的古老装束，象征男子尊严神圣不可侵犯，个别中老年男子的"柱尔"终生不剪，裹盘于头顶，有的长达7—8米。"天菩萨"表示人最高贵的地方，是神的居所，严禁他人触摸，倘若有人触摸，则被认为是最大的侮辱，轻则赔礼道歉，重者可能引得大打出手。

（2）"彝裤"。彝语称"诺拉"，均用浅蓝色布缝制，一条裤子需10米以上布料，上口比下口窄，脚口边沿镶约30厘米宽的本色或黑色布，裤脚宽约20—30厘米，故称"大裤脚"。

（3）"擦尔瓦"。彝语"史尔"，俗称"擦尔瓦"，日当衣穿，夜作

被盖,具有遮风挡雨保暖之功效。主要材料是毛毡,用3至4斤灰白色或白色羊毛捻成线后在织机上纺织而成。"擦尔瓦"多为本色,也有染为深蓝色或黑色的,可防三九严寒,具有美观、耐用、保暖和防潮的特点。

2. 女子服饰

彝族女子服饰色彩艳丽、图案丰富、制作精巧,分童装、少女装、成年装。

(1)头饰。童年女子的头饰多为女童发辫上系红头绳,插一小木质或牛角梳,头戴蝌蚪形童帕。未婚青年女性戴青蓝布头帕,形如瓦片,覆盖于头顶,多以布折叠成瓦状而成,长约30厘米,厚约10厘米,宽约20厘米,戴时用辫反缠加以红头绳固定,并在发辫上插金、银、铜或骨质簪子和梳子做装饰。已婚妇女怀孕或生育后,不再戴这类帕子,而是改换为黑色"荷叶帽",如果再戴帕子,会遭到嘲笑。

(2)耳饰。少女双耳戴贝壳或银质耳坠。青年女子戴珍珠般大小的玛瑙或珊瑚珠,每只耳戴5—7串耳珠。老年女性则戴饰有太阳形图案的圆形玉质耳环。

(3)衣饰。衣饰是彝族女子服饰中最为复杂的部分,不但图案复杂,而且缝制工艺非常讲究。青年服饰以紧身、图案丰富、做工精致为美,老年服饰则以宽松、图案简洁、朴实厚重为美。

(三)工艺繁复的羌族服饰

羌族男子一般包青色和白色头帕,穿自织的过膝白色麻布或蓝布长衫,外套一件羊皮褂子,脚着用麻或柳树皮编制而成的草鞋,少数人穿布鞋或牛皮靴,裹羊毛或麻织成的绑腿,称为"毛牟子",束腰带。邻近松潘、黑水一带的羌族男子多蓄发,梳成辫子绕髻于脑后。

羌族妇女服饰较为复杂,穿麻制右开襟长衫,缠青色、白色头帕,或于头顶置瓦状的青布一叠,然后以两条发辫缠绕其上做髻。与男子服饰所不同的是她们的衣服都绣有美丽的花边，衣领上镶有一排小颗的梅花形银饰，腰系绣花围裙和飘带，戴较大的耳环和圈子、簪子、银牌等饰物。

羌族的羊皮褂子由绵羊皮、山羊皮、岩羊皮制成，制作工艺复杂。按照羌民的传统习惯，针线活之类的家务事主要由家庭主妇承担，但羊皮褂子却一般由年长的男子来缝制。一件成人羊皮褂子需要两张完整的羊皮才能做成，羌族的羊皮褂子正反两面均可穿用，在秋冬季节毛面贴身，以达到保暖御寒之目的，在春秋季节则将皮面向外，既防雨，又防晒。羊皮褂子的用途十分广泛，在劳动的时候，羊皮褂子是护肩垫背的好工具；在休息的时候，可以当坐垫；困倦小憩时，又可以当毯子用。

三、生态饮食

名扬海内外的"天府之国"四川，世代居住着藏、羌、苗、彝、土家、纳西、傈僳、布依、傣、满、蒙古等十几个少数民族，他们大都居住在边境和西部地区，由于自然环境不同，他们的生产活动、生活方式、历史进程、宗教信仰、风俗习惯也有差异，因此，其饮食来源、制作方法、器具、礼俗、观念和思想也迥然不同，形成了各自独特的饮食文化：碗碗酒、咂酒、砣砣肉、猪膘、烤茶、酸奶子等，让人既饱眼福，又饱口福。即使是不同地区的同一民族，其饮食上也存在着明显的差别，所谓"千里不同风，百里不同俗"。

（一）藏族饮食

四川藏区处于高海拔高寒地带，因此食物也以高热量的为主。藏族的主要饮食有糌粑、青稞酒、牦牛肉等。

1. 人参果

人参果，藏语叫"错玛"，是一种块根草本植物，其根肥大，以富含

糖、淀粉而深得高原人喜爱。他们通常将人参果晒干磨粉与川米煮粥食，或加入面中做成点心，藏语称之为"麻姑"。每逢客人来到，热情好客的藏族人都会将人参果粉放上白糖，冲入熬化了的新鲜酥油，献给客人。

2. 糌粑

糌粑是藏族最为常见的主食，其原料是青稞，部分地区也有用燕麦做糌粑的。制作时先将青稞晒干炒熟，磨成细面，不去皮；然后把糌粑放在碗里，加点酥油茶，有条件时可再加白糖和奶渣，用水不断搅匀，直到能把糌粑捏成团为止。糌粑携带方便，适于牧民生活。牧民在外放牧，只要带上木碗、腰束、糌粑口袋，再找一点茶水就行了，不必起灶生火做饭。

3. 肉食

牧区以牛羊肉为主，农区以猪肉为主。四川藏区的牛肉主要为牦牛肉，牧区习惯在冬季将整腿牛肉埋入冰雪中冷冻，开春后将冻肉切成条，抹上盐、花椒、油，自然风干，制成肉干。除牦牛肉干外，挂猪膘、香猪腿也是较有特色的肉食。

4. 青稞酒

藏族男女都喜爱饮青稞酒，青稞酒具有清香醇厚、绵甜爽净的独特风格。在藏区，几乎家家户户都能制青稞酒。酿造前，首先要选出颗粒饱满、富有光泽的上等青稞，淘洗干净，把水滴完，再将其放在大平底锅中加水烧煮两小时，然后将煮熟的青稞捞出，晾去水气后，把发酵曲饼研成粉末均匀地撒上去并搅动，经过30几个小时后，放入木桶或坛子里，再用泥土将口封死放置起来。酒酿成需饮用时，把封泥去掉，加水至桶口为止，若加水少则酒味太浓。过两小时后，用竹管或麻秆插入桶底用嘴吸饮，也可从木桶底部开小孔将酒放出。青稞酒产地环境独特、酿酒原料独特、大曲配料独特、制酒工艺独特、产品风格独特，是藏区逢年过节等重要场合和招待贵宾不可或缺的佳酿。

（二）彝族饮食

彝族的主食有水稻、玉米、荞麦、洋芋等。他们将玉米、荞麦磨成粉做粑粑吃，另外喜食豆类、瓜果以及各种肉类。凉山彝族的独特风味饮食有碗碗酒、坨坨肉。彝族民谣"一桶酒不出名，一碗酒能出名；一头猪没有名，一坨肉有了名"，是对碗碗酒和坨坨肉的赞美。

1. 碗碗酒

彝语称碗碗酒为"折热知"。碗碗酒出自彝家酿的"坛坛酒"，是用玉米、高粱、荞麦等杂粮，加上十几种草药入坛酿制而成的。饮酒时除用碗装酒外，还可以用竹管或麦秆吸饮，故也称为"秆秆酒"。

2. 坨坨肉

制作坨坨肉，一般选用本地30斤左右的小猪，宰杀去毛，翻烤熏烧，分肢解体，切成拳头大小的坨坨。彝族人认为小猪很圣洁，用来待客是表示尊敬。在烹制坨坨肉时，要特别注意掌握好火候，过火了，就煮成了炖肉，不好吃；火候不到，肉不熟，不能吃。吃坨坨肉的时候蘸着盐巴、辣椒，入口便闻其香，回味悠长。

（三）羌族饮食

羌族主要分布在四川省的茂县、松潘、汶川等地，历史悠久，在漫长的生活中形成了自己独特的饮食习惯。

1. 搅团

搅团是羌族喜爱的饮食。搅团用玉米、荞麦面粉制作而成。制作搅团时，先将水掺入锅中，待水烧沸，撒入面粉，边撒边搅，等到面糊可以黏附于搅棒后，再掺少许开水，盖上锅盖，蒸煮一到两分钟后又继续搅拌，搅拌均匀后，再蒸煮五分钟即成。俗话说："搅团要搅够三百六十圈才好吃。"

其实就是面粉搅得越匀,就越有韧性,做出来的搅团就越好吃。搅团还可以蘸着用酸菜、肉末、葱蒜、花椒粉等配成的调料吃。

2. 洋芋糍粑

洋芋糍粑的风味别具一格,是羌族人喜爱的食品之一。制作方法为将洋芋洗净蒸熟后剥皮,再在石臼中舂成糊状,取出自然晾凉。食用时先煮酸菜汤,再将洋芋糍粑切成细条,放入汤中,待糍粑浮于汤面时即可食用。还可以将糍粑切成细条,配以用辣椒、味精、花椒等调成的佐料,也可蘸蜂糖食用。还可将糍粑切成细条后用油炸酥,蘸白糖食用,此种吃法的洋芋糍粑已成为当地的名小吃。

3. 咂酒

咂酒是羌族的重要饮品,酿制咂酒的主要原料有玉米、小麦、青稞等谷物,制作时把青稞或其他谷物煮熟,撒上酒曲和匀后封于坛中,六七天后即可启封饮用。饮用前注入开水,插入麦秆、麻秆、竹竿等制成的吸管从坛中吸饮。饮用时要边喝边加水,直喝到味淡为止。余料酒糟也可食用或作饲料。

图5-1 羌族咂酒(阿坝州文化局提供)

（四）纳西族佳肴

四川的纳西族主要分布在凉山州盐源、木里县一带，主食玉米、大米、小麦，杂以青稞、洋芋等，副食有琵琶肉、烤粑粑、干菜。

1. 琵琶肉

琵琶肉是纳西族的特色食品，是用整只猪腌制的，与汉族的腊肉很相似。纳西族在每年农历十二月制作琵琶肉，制作方法是把猪宰杀以后，去毛剖腹，剔除内脏和猪骨，剁掉四蹄，然后在猪肚内塞进盐巴和配制好的香料，再以麻线把猪体缝合成琵琶状，平放于高处晾干。琵琶肉存放在窖里，数年不霉，时间越久越好吃。

2. 干菜

干菜实际上就是干酸菜。将洗净的蔬菜下锅煮熟后，捞起放入陶缸里，加适量酸汤、盐等密封，数天后开封，捞出晒干，待需用时再烹调。

3. 粑粑饼

粑粑饼以面粉为主料，配以火腿、辣椒、苹果、糖、猪油、葱花，用小苏打发酵后，在平整的石板下燃一盆炭火烤制。粑粑饼油而不腻，层薄如纸，故又被称为千层饼。

第六章

传统社会与现代文明

四川民族读本

第六章 传统社会与现代文明

一、活的社会发展史

新中国成立前，由于历史、社会的原因，四川各少数民族处于不同的社会发展阶段，社会形态各有差异，原始社会的残余、奴隶社会、封建农奴制、封建社会等多种社会形态并存，堪称人类社会发展史的"活化石"。新中国成立以后，通过民主改革和土地改革，消灭了落后的社会形态，四川民族地区少数民族进入了社会主义社会发展阶段。

（一）奴隶社会制度

民主改革前，凉山彝族地区长期处于奴隶制度阶段。大约在公元前1世纪，彝族先民开始出现阶级分化。公元2世纪前后，彝族出现奴隶制。到了公元3世纪，大部分彝族先民聚居地区都进入了奴隶制阶段。彝族渡过金沙江迁入凉山地区时，与当地部族频繁发生战争，大量掳掠人口和财物，加速了奴隶制的发展。唐代，安宁河流域属于南诏地方政权，宋代又属大理地方政权。元朝，彝族地区建立土司制度，任命原来的世袭统治者为土司，但并未改变奴隶社会的性质，大小土司仍然是奴隶主阶级的大小头目。明中叶后，诺合（黑彝）等级和兹莫（土司）的矛盾日益激化，土司势力衰微后，诺合等级摆脱了兹莫的统治，并把由土司统治的大部分凉山地区变为以"诺合"为奴隶主的统治区。鸦片战争后，帝国主义侵入中国，鸦片和枪支也相继传入凉山地区，更加固了凉山的奴隶制。在国民党反动统治时期，鸦片种植和枪支买卖更是畸形发展。直到新中国成立时，凉山彝族仍旧停留在奴隶制阶段。

凉山彝族的奴隶制度将社会成员按照血缘关系严格划分为兹莫、诺合、曲诺、阿加、呷西5个等级。兹莫和诺合属统治阶级，约占总人口的7%，其他属被统治阶级，占总人口的93%。彝族社会的每个人都隶属于一定的等级，高一等级的人可以不同程度地占有低一等级人的人身。层层占有、贵贱分明的等级阶梯，架构起一整套森严的等级制度，而人们所属的等级及社会地位是由血缘关系决定的。

兹莫，是凉山彝族奴隶制社会中的最高统治者，约占总人口的0.1%。他们在历史上占据至高的贵族地位。兹莫统治区的全部土地、荒山、森林、河流都属兹莫所有。兹莫将大部分土地分配给家支头人领种管理，家支头人再将土地平均分配给本家支各户。

诺合，亦称黑彝，是彝族奴隶制中仅次于兹莫的另一个统治等级，约占凉山彝族总人口的6.9%。他们对兹莫有贡赋、劳役的义务，在兹莫衙门内监狱、刑罚、武装等部门任各类司员，组成土司政权。诺合在政治、经济上享有特权，占有统治范围内的曲诺和阿加、呷西三个被统治的等级，且绝不与被统治等级通婚，以保持血统的纯净。

曲诺，亦称白彝，是被统治等级中的最高等级，约占总人口的50%。他们除人身隶属其主，须为奴隶主服一定劳役外，在经济、政治活动中有较强的独立性。特别是在经济上，有的曲诺已相当富裕。

阿加，亦称安家，他们是安了家的、处于奴隶主周围的奴隶，占总人口的33%。他们及其子女的人身支配权完全掌握在奴隶主手中，终年除经营自己的一点耕食地外，主要为奴隶主服劳役。

呷西，也称锅庄娃子，是凉山彝族奴隶制下被统治等级中最低的一个等级，约占总人口的10%。他们是阿加的子女，或阿加从外地掳掠、购卖来的奴隶。他们多数为单身，无固定居所，吃住在奴隶主家中，常年为奴隶主劳动，没有任何财产和人身自由，奴隶主可以把他们当作牲畜一样拿到奴隶市场买卖，甚至可以虐杀。他们成家后始为阿加，获得小块份地以耕种，但他们的子女仍为呷西。

在凉山彝族奴隶社会中，奴隶主对奴隶和其他劳动人民的剥削十分残酷。无偿劳役是奴隶主的主要剥削方式。每户曲诺每年要为主子服无偿劳役五六天至十多天。阿加服劳役的时间多达五六十天甚至更多。呷西的全部时间都必须为奴隶主从事各种劳动。曲诺和阿加在为奴隶主服劳役时，必须自带农具和耕畜。地租剥削是奴隶主剥削的另一重要手段。奴隶主占有大量的土地，除使用奴隶劳动进行耕种以外，还往往将一部分土地出租。租额一般占收获量的50%。此外，诺合奴隶主还在部分曲诺和阿加中推行强制性的高利贷（彝语称"杂布达"）。另外，凡逢奴隶主过年或娶媳妇、嫁女、祭祖以及有人去世时，曲诺和阿加必须给奴隶主送猪、羊、酒、粮食或者银子等"礼物"。奴隶主进行冤家械斗，曲诺、阿加必须参加。纷争和解，一方要向另一方赔款时，奴隶主会在曲诺、阿加中摊派。

新中国成立前，在凉山彝族社会内部并没有形成统一的奴隶主政权，家支制度是奴隶主阶级专政的主要工具。彝语"家支"意为"同祖先的兄弟"，是一种以父系血缘为纽带的集团。家支势力在凉山彝族社会中起着统治整个社会的作用，其主要特征为：有共同的父系祖先，有共同的家支名称，具有家支内部的父系连名谱系。家支习惯上总体分为诺合（黑彝）家支

和曲诺（白彝）家支。根据血缘的亲疏关系，两大家支内又分为若干大支和小支。家支关系一方面促使血缘群体内成员互相协助，增强内部团结，保障各家支的生存，另一方面增强对外的防御能力和扩张能力，使自身不断发展和壮大。其中，黑彝家支有近百个分支，实际上起着维持奴隶主统治的作用，是奴隶主镇压奴隶和其他劳动群众，进行冤家械斗，维护奴隶主专政的工具。如果有被统治等级的群众要联合起来进行反抗，黑彝奴隶主就会通过家支的联系，联合起来镇压反抗。

新中国成立前，凉山各地有大体相同的维护奴隶主阶级利益的习惯法。诺合家支根据习惯法维持奴隶制度的生产关系，其主要内容是维护奴隶主的神圣地位，保证诺合奴隶主的人身和财产所有权不可侵犯。根据习惯法，诺合对所属的奴隶有买卖和屠杀的权利，诺合奴隶主可以任意屠杀阿加和呷西。阿加和呷西如果偷盗诺合的财物，将被处死或转卖他处。诺合等级和其下被统治的等级严禁通婚。为了巩固奴隶制度，任何一个诺合家支对奴隶而言都是一个大监狱，他们运用习惯法对进行反抗的奴隶施以种种酷刑，如实施穿木靴鞋、锁铁链等监禁，或施以砍手、断足、挖眼、剪肉等残刑，或执行沉水、分尸、抽肠、滚岩、火烧等死刑。

（二）封建农奴制度

大约10世纪至13世纪，我国整个藏族社会开始逐步封建化，较早地进入封建农奴制社会。13世纪以后，元、明、清三代，中央王朝对四川藏区实行土司统治，土司制进一步加速了这些地区的封建化进程。清末，四川藏区实行"改土归流"，废除土司制度，实行流官管理。民国时期，四川藏区中的大多数地方虽然已经建立了县级政权，但同时也保留着土司、头人和上层喇嘛对广大农奴的联合专政，四川藏族地区基本处于封建农奴制社会阶段。这一状况一直延续到民主改革时期。

民主改革以前，甘孜、阿坝地区世俗的和宗教的封建统治机构虽各自分立，但又紧密联系，形成了一套特色鲜明的统治体制。在土司统治之下，以占总人口约5%的土司、头人和多数上层为代表的封建农奴主阶级，世代占有着辖区内全部土地和大部分牲畜，拥有辖区内的全部耕地、草地和森林。土司把辖区的土地分为三种。一是土司领地，是土司的自营地，利用"科巴"（农奴）无偿劳役耕种，并派"托本"（监工）管理；土司把大部分领地作为份地分给农奴耕种，农奴向土司领种份地，世世代代被束缚在土地上，没有迁徙的自由。二是头人土地，土司把部分土地以及依附于土地的农奴分封给头人。三是寺庙封地，土司把部分土地以及依附于土地的农奴分封给寺庙。土司、头人、寺庙主要以无偿劳役、贡赋、地租、雇工、高利贷等方式对农奴进行剥削。土司与土司之间无统属关系，均直接受封建王朝及其委派的官吏管束。土司是辖区内的最高统治者，为世袭农奴主，对辖区内的农奴有生杀予夺之权。在农区，土司之下设头人会议，重大事件由头人会议决策，报土司批准执行。牧区的政权机构与农区基本相同，土司衙门之下，按部落（或称大村）委派头人统治，其职世袭。

另外约95%的农奴被束缚在所耕种的土地上，为农奴主服无偿劳役，没有人身自由。他们领种农奴主的份地，不能自由迁徙，世世代代被束缚在份地上。除了份地上的无偿劳役外，他们还要接受供赋等多种形式的剥削，遇到战争，还必须服兵役。此外，农奴主还占有少数家奴，家奴主要从事家务劳动，也进行一些生产劳动。

在甘孜的色达、石渠及阿坝的牧区中，由于封建关系的发展和部落形式的长期保留，所有制关系比较复杂，大部分地区仍保留着部落公有制，草地供部落成员共同使用，但实际仍受封建头人、牧主支配，牧民只有在承担牧主、头人的劳役和摊派的条件下，才被允许使用草场。牧民必须按照占有牲畜的数量，向土司提供无偿劳役，缴纳实物贡赋和牲畜税。土司有权分配各

牧场，有权决定牧场的搬迁。阿坝、若尔盖等牧区各部落牧民如不离开本部落，土官一般不能随意收回牧民的草场；而在甘孜地区土司统治的各牧区，封建主则可任意霸占牧民的草场。贫苦牧民除了担负封建主的差役贡赋外，还不同程度地受到富裕牧户的剥削。牧区的主要生产资料——牲畜，也主要为头人、牧主所占有。出租牲畜和雇工是封建头人和牧主的主要剥削方式。承租的牧民只能得到牛毛和牛奶加工的副产品如奶渣等。

另外，四川藏区封建农奴制的一个最大特点，就是土司头人和宗教上层集团的政教联合统治。为了统治和压迫广大农奴，土司、头人和寺庙互相利用、互为补充，形成了政教结合的封建农奴制统治。政教联合统治除了以僧俗领主相互配合的形式实现外，还有两种形式：一种是血缘的联合，即农奴主贵族兄弟中，一人承袭土司职，掌握世俗统治权，一人出家为喇嘛、活佛，掌握宗教统治权；另一种是体制的融合，即上层僧侣参加土司举行的固定会议，参与重大问题的决定。例如，在阿坝的牧区，宗教与土官制度相结合，土官是部落的最高首领，每个部落都有至少一座从属于土官的寺庙，而寺庙的活佛多系部落土官的亲属。

（三）封建地主制度

川东南的土家族、苗族聚居区及阿坝藏族羌族自治州的部分地区，在新中国成立以前已进入封建地主制社会，如阿坝的汶川、茂县、小金、金川等地。在乾隆至道光年间，已推行"改土设屯""改土归流"，废除世袭的土司制度，设立屯守备或流官进行管辖，这些地方的社会经济体制也逐渐发生了变化，出现两种类型的制度。一种是屯守备统治地区，形成了以屯守备为首的地主统治集团，屯守备成了全屯最高统治者，总揽当地政治、经济、军事大权，设有守备衙门及各种杂职官员，管理内外事务，村寨仍设寨首管理。另一种是国民政府势力管辖地区，普遍推行保甲制度，在县以下设乡、保、甲，由当地藏、羌头人担任乡长、保长、甲长，对各自所辖区域实行统治。

同时，四川少数民族地区的封建地主制度与内地汉族地区有不同的特点，表现为：地主、富农占总人数比例小，但占有耕地较多，贫雇农占总人数的比例大。地主阶级占有肥田沃土和大部分耕牛，霸占大片森林、草山、牧场和水渠，他们与商业资本、官僚和军阀相勾结，以地租、雇工、贡赋、高利贷等方式残酷剥削农民。地租剥削形式为实物地租，部分地区实行劳役地租。在羌族聚居区还残存着部分土司、头人制度，如在汶川县江口一带的瓦寺宣慰司，茂县的长宁安抚司，岳希、陇木、静州长官司等。这些区域仍以土司、头人为最高统治者，继续保持着原有的一套统治机构，保留了封建领主制的剥削形式。另外，在赤不苏一带还保留着奴隶制的残余。在川南的苗族与汉族杂居区，汉族人巧取豪夺，绝大多数苗族沦为贫雇农，民族不平等问题严重。

二、多样化的社会群体

由于社会发展不平衡等诸多因素，四川民族地区一些相对封闭、与外界联系较少的地方，至今保存着许多古老的文化"活化石"。他们拥有独特的语言、社会组织和家庭结构，民风民俗也与其他地区不同，形成独特的文化和社会现象。如民主改革以前，藏族地区经历了一千多年部落制社会，一直实行"骨系"传承（祖系、种系和血缘传承）制度。藏族"骨系"制度虽然在20世纪90年代逐步淡化，但是在个别偏远的地区仍然非常流行。今色达瓦述、炉霍宗塔等部落，至今尚保持着较完整的"骨系"氏族部落逐水草而居的游牧文化。现在四川省境内尚存有山岩戈巴父系氏族，扎巴、泸沽湖母系氏族等特色鲜明的社会群体。

(一)山岩父系氏族文化

在今甘孜藏族自治州白玉县的山岩乡、沙马乡、盖玉乡等地,至今还留存着父系社会独特的氏族组织形式——戈巴。山岩戈巴是以父系血缘为纽带组成的部落,指在特定的历史条件和特殊的地理环境下,为了维护自身的利益,以父系血缘为纽带延续形成的一种父系氏族群体,距今已有2700余年的历史。

山岩戈巴大者百多户,小者仅七八户,相互独立而互不相属,每个戈巴有自己的图腾。戈巴内部的头领和成员之间是平等的,成员不向头领承担任何义务,头领没有个人的特殊权利,不占有任何公有财产。戈巴组织的头领不世袭且不固定,亦不由选举产生,无论年龄大小,也无论贫富贵贱,只要受拥戴,即可成为头领。头领负责处理本戈巴的内外事务,主持一年一度的祭祀与盟誓。

戈巴与戈巴之间,也只有大小之分,而无高低贵贱之别,一律平等,主张"天下戈巴是一家"。同一宗族的戈巴内部,人们互视为兄弟姐妹,无论

图6-1 山岩"康尔"民居

何时何地，都相互支援，共度难关，在需要统一行动时，则由戈巴成员协商做出决定，共同执行。一个戈巴组织一般集群而居。戈巴成员只能是男性，女性一般不作为成员。每个成员都必须参加一年一度的盟誓会议和仪式，全体成员集体发誓"忠于同族，忠于戈巴"，并由长者向大家讲述戈巴源流和征战史。

戈巴内部的财产按父系计算，由男子继承，男性在家庭中有至高的权力。内部婚姻实行严格的外婚制，本戈巴成员的子女之间禁止通婚；与外戈巴有血仇的不准联姻；女嫁男娶是最基本的联姻方式，女子必须嫁出，不得招婿上门。

（二）走婚的母系氏族

在今甘孜藏族自治州的道孚、雅江两县间的扎巴地区的扎巴人，还保存着母系氏族社会的传统制度和走婚习俗。由于扎巴人生活在雅砻江流域的高山峡谷中，长期以来对外交通不便，与外界联系少，所以其传统的母系氏族社会得以传承下来。

扎巴人的母系亲族家庭是一个具有共同氏族名称的，以血缘关系为纽带的血亲团体，也是一个由婚姻关系或收养关系产生的亲属间的社会生活组织。扎巴人家庭中的主要成员是祖母及其兄弟姊妹、母亲及其兄弟姊妹、子女及孙子女等，异性配偶不包含在内，婚姻形式是走婚，家庭结构以三世同堂居多。在这些家庭中，母亲和舅舅是家庭的核心人物，是主事的权威、子女的养育者，也是家庭经济来源的主要承担者，母舅关系是家庭人际关系的轴心。

在家庭中，家庭成员劳动分工各尽其能，财产为全体亲族成员共有，由集体继承。平时，家庭成员集体生产，共同消费，个人所需的食品、衣物等基本上平均分配。老人去世后，亲族不分财产，由家妇和舅舅管理，全体活

图6-2 扎巴地区的碉楼

着的子孙集体继承产业,代代相传。供养范围限于母系亲族家庭成员之间,母亲及子女,舅舅与外甥,母祖、舅祖与孙子、孙女、兄弟姐妹均有相互供养的义务。

扎巴人拥有自己的语言,除此之外,还拥有制陶、制木器、酿酒、造纸、纺织、印染、编织、擀毡、制革等生产工艺,保留了特有的天文历法、寓言、谚语以及民间传说,至今仍然传唱生产歌谣、情歌、锅庄词,并保留各种原始舞蹈。扎巴人信仰藏传佛教,宗教活动与其日常生活密不可分,有完整的宗教文化体系。

目前,在与现代社会的调试和适应中,这种母系氏族制度也发生了一些变迁:母系亲族家庭构成向多样化转变,个别家庭成员从母系亲族大家庭中走出来,建立了一夫一妻的小家庭,家庭人口规模趋于小型化;同时,走婚有了孩子后父母双方一般会去办理婚姻登记手续，但婚姻形式却沿袭传统，夫妻双方仍旧过着夜聚朝离的走婚生活。

除了扎巴地区的走婚部落外，在四川盐源县泸沽湖沿岸居住的摩梭人也保存着原始走婚习俗。泸沽湖摩梭人的母系家庭成员，无论姨表兄弟姐妹，均被视为一母所生。泸沽湖母系大家庭由一个最能干、公正而且有威望的妇女安排生产、生活，保管财产，摩梭人称此人为"依杜达布"（简称"达布"）。达布是母系家庭的一家之长，负责一切内外事务，其他家庭成员都绝对服从"达布"的安排。"达布"往往是自然产生的，不需经过任何选举或仪式。母系家庭中的成年男性一般以舅舅的身份和名义进行活动，他们尽力协助"达布"，参加全家的一切活动，共同维系母系大家庭。大家庭内各成员共同劳动，有事共同商量，民主气氛浓厚；她们尊老爱幼，尤其对老弱病残者给予特殊照顾和尊重。

（三）凉山彝族现代家支

新中国成立后，伴随着彝族地区民族政权的建立和民主改革的胜利，社会主义改造、农业合作化、人民公社化等切断了家支组织赖以存在的政治、经济基础，彝族家支制度赖以生存的社会基础已逐渐丧失。党和政府在废除奴隶制时，也为消除家支制度和家支观念的影响做了大量的工作，但是受制于社会经济发展不平衡、地理环境相对闭塞等现实条件，加之政府重用部分家支头人，尊重彝族传统文化，作为彝族传统文化重要组成部分的家支观念、家支意识和建立在血缘关系基础上的家支关系，在部分地区被延续了下来，并影响着当地的生产劳动、婚丧嫁娶、生活习俗等方面。改革开放以来，家支组织在凉山彝族地区重新活跃起来，各地家支在婚丧聚会中联络感情，修复家支谱系，特别是在经济欠发达、社会分工单一的腹心彝族聚居区，人们论家支、续家谱、结家支关系的现象仍比较普遍。

不过，相对于奴隶社会时期，现代家支的功能已发生了很大变化，在社会生活中发挥着部分非政治性的作用。现代家支不再具有维护奴隶制度和对社会成员实施阶级统治的作用，受法律的限制和现代社会观念的影响，家支的主要功能是维护血亲群体成员利益，家支成员间互帮互助。各个家支还制定了"尔普"（"尔"是交换、交流、互换之意，"普"是价格、价钱、价值的意思），成为凉山彝族各个家支成员之间的一种礼物和钱财交换的形式。凉山彝族非常重视婚娶和丧葬，婚丧"尔普"比较盛行，参与的人数越来越多，形式也越来越多样化。家支内部，一家有事，全体家支成员都会出来帮忙，或是出钱，或是出力。

为了使家支传统文化在现代社会中延续，农村和城镇的彝族大多热衷家支聚会，以此增进家支感情。改革开放以来，凉山彝族的家支聚会十分频繁，且规模也很大，特别是在凉山腹心地区的布拖、昭觉、美姑等县尤为突出。通过家支聚会，人们互通信息，交流感情，增强整个家支的凝聚力。有的家支还会举行集体盟誓，以抵制各种社会不良风气。

当然，不可否认的是，现代家支也存在一些消极成分，如部分家支会按照习惯法解决普通民事纠纷，影响法制建设；部分家支出现集体犯罪现象；家支成员之间出现矛盾时，容易引发家支之间较大的冲突；家支与家支之间的矛盾会消耗大量的人力、物力，使积累和扩大再生产能力减弱；巩固家支关系会消耗大量财富，一定程度上制约了生产发展。

三、走向现代生活

（一）进入社会发展新时期

新中国成立后，四川民族地区进入社会发展新时期，取得了很大的成就。但是受制于历史、社会、自然条件等多种因素，与全国、全省社会发展水平相比较，四川民族地区的社会发展水平总体还较低下，发展任务还很艰巨。四川民族地区仍然是四川经济、社会发展中的"短板"，加之贫困人口多，发展制约因素多，脱贫攻坚、与全国同步建成小康社会的任务非常艰巨。近十年来，伴随"牧民定居行动计划暨帐篷新生活行动"、"9+3"免费教育计划、卫生事业发展计划"三大民生工程"和新居建设计划、教育发展振兴计划、医疗卫生提升计划、社会保障促进计划、文化发展繁荣计划、扶贫解困行动计划等一系列计划的实施和推进，四川民族地区加快了发展步伐，社会生活发生了显著的变化。

在扶贫解困方面，四川是全国扶贫任务最重的地区之一，进入21世纪以来，藏区、彝区等民族地区极端贫困现象依然存在，加之四川民族地区自然条件恶劣，经济基础薄弱，思想观念落后，各种社会问题交织在一起，加大了扶贫工作的难度。为了与全国同步全面建成小康社会，不落下一个地区一个民族，不落下一户一人，在四川省委、省政府的积极领导下，以四川民族地区的大小凉山彝区和高原藏区为主战场，省委、省政府统筹推进"四大片区"内外扶贫攻坚，提出并启动实施"四大片区扶贫攻坚行动"，组织和动员社会各界积极参与到扶贫事业中来，集中开展基础扶贫、新村扶贫、产业扶贫、能力扶贫、生态扶贫"五大扶贫工程"，重点推进藏区扶贫解困行动、就业社保促进、教育发展振兴、医疗卫生提升、文化发展繁荣、藏区新居建设等6项民生工程，彝区彝家新寨建设、乡村道路畅通、农田水利建设、教育扶贫提升、职业技术培训、特色产业培育、农业新型经营主体构建、产业发展服务、卫生健康改善和现代文明普及等10项扶贫工程。在各种民生工程、扶贫工程的促进下，四川民族地区区域发展和扶贫攻坚取得明显成效。

经过几十年的建设，四川民族地区的各项社会事业也有了长足的进步。在教育方面，四川坚持把大力发展教育事业作为扶贫攻坚的治本之策，着力阻断贫困的代际传递,通过《四川省民族地区教育发展十年行动计划》的实施,四川民族地区的教育事业实现了历史性飞跃。甘孜、阿坝等地开始全面实施从幼儿园到高中的15年制免费教育。通过深化藏区和大小凉山彝区"9+3"免费职教计划,扩大"9+3"免费职教规模,发展职业教育,实现"解决一人读书,实现一人就业,带动一个家庭脱贫致富"的目标。在医疗卫生方面,在四川民族地区的各州、县均建立了医疗、疾病预防控制、卫生监督和妇幼保健等机构,县县有甲级医院,乡乡有卫生院,新型合作医疗制度全覆盖,先心病儿童得到免费救治,包虫病、大骨节病患者全部得到治疗。在社会保障方面,积极促进少数民族群众充分就业和更高质量就业,积极推进基本养老保险制度,将寺庙僧侣、灵活就业人员和被征地农牧民全部纳入参保扩面保障范围,实现新农保制度全覆盖。在文化发展方面,通过落实村村通、户户通、地面数字电视等工程,基本解决了农牧民听不到、看不到中央和省广播电视的问题。

伴随着时代的发展和社会的进步,各民族的生活条件发生了翻天覆地的变化。在今甘孜藏族自治州、阿坝藏族羌族自治州,通过着力解决藏区农区和半农半牧区农民住房问题,配套完善藏区新居公共服务设施,新村聚居点的道路、饮水等基础设施条件逐步改善,农牧民生活环境得到整体提升。从2009年开始,四川省在藏区推广了"牧民定居行动计划暨帐篷新生活行动",结束了藏族传统牧民逐水草而居的原始游牧生产生活方式。2013年底,"牧民定居行动计划暨帐篷新生活行动"顺利完成,累计投资180多亿元,共建成定居点1243个,定居房100574户。近几年,四川通过加快藏区幸福美丽新村建设,新建起一大批"人居适宜、民居漂亮、功能完善、村容整洁"的藏区民居,使农牧民群众有了安居乐业、和谐幸福的环境。截至2017年,共建成藏区幸福美丽新村1148个。在凉山彝族自治州,"土墙草顶垒空房,三块石头围火塘;门前粪泥没双脚,屋内同住牛和羊"曾是贫困彝区群

第六章 传统社会与现代文明

图6-3 丹巴甲居藏寨

图6-4 理县甘堡藏寨

众居住条件和生活方式的真实写照。从2003年起,四川省开始实施彝区"三房"改造行动计划,用8年时间,累计投入财政补助资金5.4亿元,帮助14万户、60多万彝族群众迁入新居。2011年开始,四川省开始推行凉山彝家新寨建设活动,以居住于危房且自愿要求改造的贫困农户为对象,用5年时间完成了1190个彝家新寨建设。这些彝家新寨大多因山就势,依山傍水,错落有致,在设计时突出了民族特色。新寨建成后,彝族群众搬进宽敞明亮、功能完善的新住房。除了在大凉山彝区进行"三房"改造、彝家新寨建设,凉山州在安宁河谷地区和木里藏区,同步开展了新农村和牧民定居点建设。

伴随着居住条件、交通基础设施的改善,各民族的生活方式也发生着巨大的变化。在凉山彝族自治州,长期形成的薄养厚葬、大操大办等观念给凉山社会经济发展套上沉重负担,人民的生活中还存在着"不洗手、不洗脸、席地而睡""门前一堆粪、人畜共居"的旧习惯。为了改变那些落后的、不良的、消极的生活方式,四川省委、省政府提出了"住上好房子,过上好日子,养成好习惯,形成好风气"的"四个好"要求。在省委、省政府的领导下,凉山彝族自治州开始推行健康文明新生活运动,从送板凳开始,引导彝族群众从"不坐地上坐板凳,不睡地上睡床铺,不用锅庄用灶台"做起,逐步摒弃陈规陋习,提升文明素质,创造健康文明美好生活。新建的彝家住宅实现了人畜分离、厨厕分离。学校通过"小手牵大手"系列活动,积极培养广大中小学生清洁卫生、文明礼貌、热爱学习、勤于锻炼等良好习惯,使他们成为彝区健康文明生活方式的实践者和传播者,500多万凉山群众通过生活方式革命逐步走向文明。

在四川藏区,伴随着旅游业的发展,越来越多的群众改变传统的生产生活方式,"开门迎客",吃上"旅游饭",提前奔小康。

（二）汶川地震与羌族的新生

2008年5月12日14时28分，汶川发生里氏8.0级特大地震。地震中，受灾最严重的汶川县、茂县和北川县约有1.6万羌族同胞遇难，再加上理县、都江堰市等其他受灾地区的羌族死亡和失踪人口，罹难的羌族同胞在3万人以上，羌族人口和文化损失惨重。地震中，城乡居民住房大量损毁，北川县城、汶川县映秀镇等部分城镇和大量村庄几乎被夷为平地。灾区基础设施严重损毁，交通、电力、通信、供水、供气等系统大面积瘫痪；学校、医院等公共服务设施严重损毁，大量文化、自然遗产遭到严重破坏；耕地大面积损毁，主要产业、众多企业遭受重创，各项产业发展受到严重影响。面对受灾面积广、受灾人口众多、自然条件复杂、基础设施损毁严重的困难局面，在党中央的坚强领导下，举全国之力，有效利用各种资源开展灾后重建工作，在灾区广大干部群众的持续努力下，羌族地区在恢复重建中赢得新的发展机遇，与全国人民一道全面建设小康社会。

为有力、有序、有效地做好灾后恢复重建工作，2008年，国务院颁发了《汶川地震灾后恢复重建总规划》，明确提出要实现"家家有住房、户户有就业、人人有保障、设施有提高、经济有发展、生态有改善"的重建目标。2011年之后，灾后重建的目标基本实现，羌族地区社会经济发生了巨大的变化。

1. 家家有住房

伴随着灾后重建的开展，一座座美丽的新城展现在世人的眼前，重建后的城乡住房，既安全美观又经济实用，既富有特色又现代宜居，城镇居民的生活条件大大改善。北川是汶川大地震中唯一一个异地重建的城市，新建的北川有鳞次栉比的新楼房和羌族风格的旅游商业街。受灾严重的汶川、茂县等县也重新规划、重新建设，建起了一栋栋具有浓郁羌族风情的大楼，在地

图6-5 汶川县水磨羌寨

震中失去住所的父老乡亲全部搬进了焕然一新、安全稳固的新房。另外,地震时多分布在半山上的羌族传统村寨受损严重,针对这一情况,灾后重建全面贯彻"三打破、三提高"的建设规划理念,突出体现山水田园风光,突出地域民族特色,展现社会主义新农村的景象,建设了一批具有典型示范作用的新型村落。在全国人民的帮助下,一幢幢羌族特色的民居依山而建,错落有致,一座座新修建的羌寨村子,充满羌族风情,焕然一新。如今的灾区,城乡整体布局全面优化,新城镇拔地而起,新村落别具一格,风貌与功能适应协调,人民群众的居住条件发生了翻天覆地的变化。

2. 户户有就业

一批批新的羌族村寨在重建的时候,把羌族特色民居的建设和发展旅游结合起来,羌族同胞也纷纷改变以前传统的生产生活方式,开始从事羌文化产品生产加工、特色农产品种植、旅游服务等行业的工作。如震中映秀镇,在重建规划的时候就考虑引导人们发展旅游和休闲产业，现在的映秀镇，茶馆、旅店、饭店、小客栈、旅游纪念品店遍布，家家有商户，户户搞商贸。重建后的汶川水磨镇从一个以工业、农业为主的山中小镇发展为生态休闲旅游小镇。以乡村酒店、羌家乐、餐饮娱乐、休闲为一体的旅游发展模式，拓宽了老百姓的就业渠道和致富门路。

3. 保障有提高

灾后重建中，灾区各级政府本着以人为本的原则，把城乡居民住房、学校、城镇基础设施建设放到了优先的位置。高标准、高质量建设公共服务设施，重建和修复了各类学校、医疗卫生机构，新建了一批社会福利院、社区服务中心、文化中心等民生设施，灾区公共服务设施条件实现历史性跨越，民生基础设施建设得以显著提升，公共服务设施上档升级，建设标准更高，功能配套更齐全、更完善。学校、医院建设成了最安全、最牢固，可供震时避险的场所。灾区群众普遍享有基本生活保障，享有义务教育、公共卫生和基本医疗、公共文化和体育、社会福利等基本公共服务。汶川地震后，地震中伤残人员后续治疗康复工作得到了全面保障，因灾新增的"三孤"人员的基本生活也得到充分保障。群众纷纷表示，灾后重建"最漂亮的是民居，最安全的是学校，最现代的是医院，最满意的是百姓"。

4. 经济有发展

四川灾后重建提出"着眼发展抓重建，抓好重建促发展"，抢抓危中之机，使灾后恢复重建既实现原地起立又实现发展起跳，规划建成了一批交通、水利、能源、通信等基础设施重大项目，为民族地区的经济发展夯实了基础。重建后的汶川、青川县城和都江堰市焕然一新，映秀、水磨等镇成为旅游名镇。在灾后重建恢复中，羌族村寨完全改变了过去传统的发展路径，注重村容环境、房屋建筑特色，大力发展旅游、种养殖等特色优势产业，走文化与旅游融合互动发展之路。建成了一个个特色浓郁、风光秀美、民风古朴、生态和谐的特色旅游羌寨，文化旅游、生态农业等得到了快速发展，旅游业成为灾区发展的新亮点。同时，灾区抓住时机淘汰落后产能，恢复和新建了一批产业园区、产业集中发展区，引进了一批重大产业项目和优势企业，建成了一批特色农产品生产基地，羌族地区的产业结构和空间布局更加优化，科学发展能力增强。三年灾后重建完成时，重灾市、州地区生产总值，地方财政一般预算收入，城镇居民人均可支配收入和农民人均纯收入普遍提高，灾区基本生活条件和经济社会发展水平已全面超过灾前水平。

5. 生态有改善

灾后重建工作认真抓好中小河流和小型水库治理、地质灾害防治、灾区生态恢复，生态修复和环境保护力度加大，重大地质灾害治理项目基本完工。如震前的水磨镇，曾经是汶川县的工业重镇，汇聚了60多家高能耗、高污染的企业。汶川地震以后，汶川县对水磨镇进行了重新规划和布局，以"世界汶川，水磨桃源"为定位，将原来的58家重污染企业全部搬出，打造出了一个具有浓郁羌族风韵的生态旅游小镇。经过3年灾后重建，灾区生态功能逐步修复，环境质量得到提高，防灾减灾能力明显增强。

6. 文化有传承

汶川地震以后，与羌族人民生产、生活息息相关的一些代表性原生态文化传习地严重受损，一些传统技艺传承人在地震中死亡。北川永平堡石砌古城墙多处垮塌，城门开裂、变形；茂县营盘山新石器时代文化遗址、勒石村聚居遗址、克枯栈道、青坡门河坝遗址、石棺葬、无影塔等遭到毁灭性破坏。此外，北川羌族博物馆、羌族民俗博物馆等倒塌，大量文物和羌文化档案资料被埋或严重毁坏，羌族文化的传承遭到了严重破坏。从中央到地方的灾后重建都围绕保护羌族传统文化展开，羌族及其传统文化受到前所未有的关注。2008年，文化部正式设立羌族文化生态保护试验区，将羌族文化保护纳入国家重建总体规划，开展了一系列羌族民族文化抢救与保护项目。北

第六章　传统社会与现代文明

图6-6　茂县古羌城

图6-7　茂县羌族博物馆

川的石椅羌寨、汶川的云中羌城、茂县羌族博物馆、北川羌族博物馆、汶川羌族博物馆等一批羌文化保护、展示、传承基地在重建中得以恢复和扩展；"中国羌绣产业基地"等一批传承羌族文化的产业基地，将羌族文化与市场结合，探索出了一条生产性保护之路。

第七章

民族政策与民族工作

四川民族读本

第七章 民族政策与民族工作

一、改革开放以来四川的民族政策

民族政策是国家和政党为调节民族关系、处理民族问题而采取的相关措施、制定的相关规定等的总和。我们党和国家的民族政策，实际上是有关少数民族的政策，它是党和政府根据马克思主义民族理论，结合我国多民族的基本国情和民族问题长期存在的客观实际制定的，其本质是促进各民族平等团结、发展进步和共同繁荣，是我们正确认识和处理民族问题的重要行为准则，是我国政策体系的重要组成部分。改革开放以来，四川省委、省政府在贯彻落实国家重大决策部署的同时，根据四川民族地区的实际，制定了一系列政策措施，有力地促进了四川少数民族和民族地区经济社会的发展，加强了民族团结，维护了社会稳定。

（一）四川省针对民族地区的主要政策

1. 民族平等和团结

四川省委、省政府历来注重在全社会进行马

克思主义民族理论和党的民族政策的宣传教育。《四川省实施〈中华人民共和国民族区域自治法〉若干规定》第二条规定：四川省行政区域内的各级人民政府应当履行《中华人民共和国民族区域自治法》《国务院实施〈中华人民共和国民族区域自治法〉若干规定》和本规定规定的职责，开展民族法律、法规和政策的宣传教育活动，充分保障民族自治地方和少数民族的合法权益，巩固和发展平等、团结、互助、和谐的社会主义民族关系。

四川省深入开展各种形式的民族团结进步创建和表彰活动，对在帮助民族自治地方经济和社会发展、维护民族团结、保持社会稳定等方面做出突出贡献的单位和个人予以表彰、奖励。2009年，四川省根据《中共中央办公厅、国务院印发〈关于深入开展民族团结宣传教育活动的意见〉的通知》，结合全省实际，制定了实施方案，确定了民族团结教育的宣传内容、主要形式、任务分工和工作要求。2014年，国家民委制定《关于推动民族团结进步创建活动进机关、企业、社区、乡镇、学校、寺庙的实施意见》，民族团结进步创建活动在省、市（州）、县（区）三级联动推开。

2. 民族区域自治

民族区域自治是在国家的统一领导下，在各少数民族聚居的地方实行的设立自治机关，行使自治权，使少数民族人民当家做主，自己管理本自治地方的内部事务的制度。自改革开放至1997年，四川民族自治地方有甘孜藏族自治州、阿坝藏族羌族自治州、凉山彝族自治州、马边彝族自治县、峨边彝族自治县、木里藏族自治县以及黔江土家族苗族自治县、石柱土家族自治县、秀山土家族苗族自治县、酉阳土家族苗族自治县、彭水苗族土家族自治县。1997年3月14日第八届全国人民代表大会第五次会议通过了《关于批准设立重庆直辖市的决定》，决定批准设立重庆直辖市，撤销原重庆市。重庆直辖市设立后，由国务院依据宪法和有关法律的规定，对其管辖行政区域的建置和划分做相应调整。原四川省黔江地区及所辖五个自治县划归重庆直辖市管辖。2002年10月25日，北川羌族自治县正式成立。至2016年，四川民族自治地方有甘孜州、阿坝州、凉山州和马边县、峨边县、木里县、北川县。

四川省严格遵守并执行宪法和民族区域自治法，保障各级自治机关在行使地方国家机关职权的同时，在立法、经济、财政、干部、教育、文化、卫生、科技等方面享有广泛的自治权。四川民族自治地方党政班子全部配备了民族干部。自治州的州长和自治县的县长全部由少数民族干部担任，自治州、自治县人大代表和政协委员以及自治机关组成人员也是以实行自治的民族为主。同时，省级各部门在执行政策、履行职务时严格尊重和切实保障自治地方的自治权，对民族自治地方的经济社会发展和干部培养使用等给予足够的重视和关心。

3. 培养和使用民族干部

为进一步贯彻党的民族政策和民族区域自治制度，四川省先后出台了《中共四川省委办公厅关于转发〈省委民工委扩大会议纪要〉的通知》（1989）、《关于进一步解决甘孜、阿坝、凉山州组织、干部工作中若干问题的意见》（1992）、《关于进一步做好我省培养选拔少数民族干部工作的意见》（1994）、《省委组织部、省委统战部、省委民工委进一步做好新形势下培养选拔少数民族干部工作的意见》（2001）、《关于实施"民族地区人才振兴计划"的若干意见》（2008）、《中共四川省委、四川省人民政府关于加强散杂居少数民族工作的意见》（2012）等一系列加强民族干部工作的文件，对民族干部的来源、培养、选拔和管理等方面的工作做出了明确的规定，主要包括6个方面。

（1）注重选拔，增加民族干部比重。扩大干部来源，从少数民族大学毕业生中选拔一定数量的优秀学生充实到民族地区基层单位。民族自治地方依照国家规定录用、聘用担任主任科员以下及其他相当职务层次的国家工作

人员时，对少数民族考生给予适当照顾。

（2）注重培训，提高民族干部素质。根据民族工作以及社会发展的需要，通过各级各类院校培训学习，全面提高少数民族干部思想政治素质和科学文化水平。

（3）注重培养，加强后备干部队伍建设。各级党委建立少数民族后备干部名单，对后备干部按缺什么补什么的原则进行培养，根据不同层次、行业、履历制订培养目标、形式和计划；对后备干部的管理坚持德才兼备原则，做到备、用结合。

（4）注重锻炼，有计划地选派民族自治地方的少数民族干部到经济发达地区交流、挂职。选派少数民族干部前往省级机关、东部沿海发达地区的党、政机构，以及国有大中型企业、公司等挂职锻炼。同时，对少数民族干部也采取了异地交流、轮换岗位、上挂见习、下基层任职等培养途径。

（5）注重关爱，提高少数民族地区干部收入。制定了一些提高民族地区干部待遇、调整工资类别和生活费补贴、妥善安排离退休干部的政策。

（6）注重留用，明确民族干部的配备和选拔使用规则。在坚持德才兼备原则的前提下，同等条件优先选拔和使用少数民族干部，使少数民族干部在各级党委、政府、人大和政协等领导班子中占有适当比例。

4. 加快少数民族和民族地区经济发展

坚持各民族共同繁荣发展，是我国民族政策的根本立场。四川省根据民族地区的实际情况，制定了一系列特殊政策，帮助、扶持民族地区经济发展。特别是改革开放的不断深入，加快了少数民族地区对外开放的步伐，使少数民族地区的经济发展呈现新的活力。1995年，《中共四川省委、四川省人民政府关于促进民族地区发展的意见》重申党中央、国务院和省委、省政府以及国家、省的有关部门制定的扶持帮助民族地区的优惠政策，要求只要有利于民族地区协调发展的政策，都要执行，并在计划投资、金融信贷、财政、税收、民族贸易发展方面给予扶持和照顾。2002年，省委、省政府出台《关于推进民族地区跨越式发展和长治久安的意见》，出台加强基础设施建设、加快牧业产业化、加大资源开发投入、加快社会事业发展等6大版块共36条优惠政策和特殊政策。2003年，省委、省政府印发《关于加强散杂居少数民族工作的意见》，专门出台了20条促进散杂居地区经济社会全面发展的政策措施。2005年，四川省委、省政府印发《关于〈中共中央、国务院关于进一步加强民族工作加快少数民族和民族地区经济社会发展的决定〉的实施意见》，制定了关于设立民族工作专项经费，民族工作任务重的市、享受民族待遇和辖民族乡的县（区）党委和政府领导班子配备少数民族干部，实施民族地区基层卫生保障工程，加快民族地区人才资源开发和干部队伍建设等方面的24条政策。2008年，省政府出台《四川省民族地区旅游产业发展规划（2008—2012年）》，提出了加快我省民族地区旅游产业发展的8项重点工作和系列政策措施。2012年，省政府出台《四川省人民政府关于加快推进牧区跨越式发展的意见》，制定了加强草原保护建设，发展生态产业，发展现代草原畜牧业，加强基础设施建设等政策措施。2013年，四川省人民政府办公厅印发《关于推进平原地区丘陵地区盆周山区民族地区县域经济发展的指导意见的通知》，对我省民族地区51个县实现跨越发展和长治久安提出了指导意见。同年，为贯彻落实国务院办公厅印发的《少数民族事业"十二五"规划的通知》，四川省下发《四川省人民政府办公厅关于贯彻落实少数民族事业"十二五"规划的通知》。

（1）加强基础设施建设。省上安排重大基础设施建设项目，降低民族地区配套资金比例或免除配套资金。把民族地区交通建设作为一项政治任务来抓，加快干线公路建设，使民族地区有快速通道与中心城市相连接；加快通县油路和通乡公路建设，提高公路通达深度和联网水平。

（2）开展民族贸易。民族贸易是党和政府在民族工作中开展最早的经济工作之一，主要方式是由流动贸易小组深入偏远民族地区，以公平合理的价格收购农牧产品，同时销售生产资料和日常生活用品。国家从1963年起实行以企业自有资金、利润留成、价格补贴为主要内容的民贸"三政策"。改革开放后，四川采取了民贸企业流动资金优惠利率贷款，对民贸经营中的运费实行按实补贴或定额补贴，对民贸企业给予减免税照顾、先征后退的政策。

（3）加大财政扶持。在统一的财政体制框架内，国家对民族地区给予了特殊的扶持和巨大的投入。四川省把中央的扶持政策落到实处，设立少数民族发展资金——"三州开发资金"，扶持四川民族地区发展各项事业，主要用于民族地区改善基础设施条件，发展经济，促进社会事业发展。1992年四川省民委、四川省财政厅下发《关于设立"四川散杂居少数民族发展基金"及有关问题的通知》，决定设立"四川省散杂居少数民族基金"，主要用于除民族地区以外的市（地）县的民族乡和散居民族村等。1995年，《中共四川省委、四川省人民政府关于促进民族地区发展的意见》规定，省上设立民族工作机动金，三州和有民族自治县的市（地）也要比照设立一笔机动金。

（4）加大转移支付。四川省对民族地区实施了多项转移支付政策，包括客观性转移支付、政策性转移支付、天然林保护工程减收转移支付、调整收入分配政策转移支付、退耕还林还草转移支付。在分配转移支付资金时，把民族地区作为重点照顾对象，尽力予以政策倾斜。

（5）实行税收优惠。1980年，全国财政体制改革，实行"划分收支、分级包干"的管理模式。为支持民族地区，省政府明确省级财政对三州实行财政递增补助的照顾政策。1992年，四川省政府在贯彻民族区域自治法过程中规定合理核定自治地方财政收支基数，对支大于收的自治州，由省财政实行定额补贴。1997年，省政府下发《关于民族地区到内地兴办企业有关税收返还问题的通知》，给予民族地区特殊政策：在内地新办企业的全部营业税、所得税、增值税地方分成部分的80%，由企业经营地征收后逐级上交到省财政，再由省财政返还民族地区。2004年1月1日起，对民族地区免征农牧业税及其附加税。民族地区免征农牧业税后，县、乡财政及村级集体组织由此减收部分由省财政全额转移支付补助。2005年，《四川省委、四川省人民政府关于贯彻〈中共中央、国务院关于进一步加强民族工作加快少数民族和民族地区经济社会发展的决定〉的实施意见》规定，对民族地区新办企业，经主管部门批准后，可减征或免征所得税3年；民族地区的内资企业可定期减征或免征企业所得税，外商投资企业可定期减征或免征地方所得税；对民族地区新办交通、电力、水利、邮政、广播电视企业，给予减免企业税优惠政策；在民族地区从事资源开发利用的企业应当在资源开发地注册，在当地缴纳有关税费。2006年，《四川省实施〈中华人民共和国民族区域自治法〉若干规定》决定，省人民政府不参与民族自治地方增值税（地方部分）、一般营业税、个人所得税（地方部分）、资源税、房产税、印花税、城镇土地使用税、契税等税种的税收分享。2007年，《四川省人民政府关于民族地区矿产资源开发有关问题的意见》规定，省、州（市）、县三级探矿权、采矿权使用费及其价款收入的分成比例由4∶1∶5调整为2∶2∶6，并至少将50%的资金用于改善民族地区群众的长远生计。2012年，《四川省民委关于切实做好企业民族工作的意见》进一步强调，要认真执行民族政策法规严格登记注册、税费缴纳、信贷融资等方面的规定。

（6）实行金融优惠，如降低贷款利率、给予利差补贴等。各省级金融机构对民族地区重点工程建设、特色优势产业发展、企业技术改造、民族贸易、少数民族特需用品生产和农副产品收购等，在信贷、资金投向等方面继续给予倾斜支持。国际组织和国外政府赠款及优惠贷款，重点向民族地区倾斜。

（7）培育特色优势产业。支持民族地区加快工业园区或工业集中区建设，着力推进民族地区水电、矿冶、旅游、特色农牧业、绿色食品业、医药

业发展。

（8）加强生态环境保护。在民族地区收取的育林基金和森林植被恢复费全部专项用于民族地区林业发展和林业生态建设；在民族地区取用地下水、地表水依法征收的水资源费和对水电装机25万千瓦以下项目征收的水资源费，专项用于民族地区水资源的涵养保护等；对在野生动植物保护和自然保护区建设方面做出贡献的民族地区，给予合理补偿；由省对民族地区农民退耕还林粮食补助标准每公斤在国家补助标准基础上提高0.2元。

5.发展少数民族社会事业

（1）大力发展民族教育事业。发展民族地区教育，是促进民族地区经济社会发展、社会进步的根本途径，是贯彻落实西部大开发的重要举措。四川省委、省政府高度重视发展民族教育，国家"两基攻坚"和"两免一补"、农村义务教育学生营养改善计划、东部省市和全省大中城市对民族地区教育事业的对口支援等一系列教育惠民政策率先在民族地区全面实施。同时，四川省委、省政府坚持从少数民族的特点和民族地区的实际出发积极支持和帮助少数民族发展教育事业。

（2）坚持贯彻双语教学。使用少数民族语文进行教学，是贯彻党和国家的民族政策的重要内容。1988年，省教委、省民委印发《关于彝、藏中小学双语教学工作的意见》，对有关双语教育的方针、政策、规划、教师和教材建设、教育质量和效益等方面，均有明确的政策规定。

（3）深化开展寄宿制教育探索。1986年，省教委、省民委发布了《全省寄宿制民族中小学教育工作会议纪要》，对3类寄宿制民族班、校做出了具体的规定。1990年，省政府转发了省教委、省民委《关于改进和加强牧区教育工作的意见》，指出牧区教育办学形式以寄宿制为主，这是针对牧区教育的特殊性而制定的专门政策。

（4）加强对口支援工作。1992年，为贯彻中央民族工作会议和全国民族教育工作会议精神，省政府下发了《关于发展改革民族教育的通知》，要求省内经济、教育比较发达的市属县（市）与民族地区47个教育薄弱县和经济贫困县组织教育结对支援协作。从1992年起，四川省内经济教育较发达的市和沿海发达地区加强了与民族地区的教育结对支持协作，援助资金达千万元以上。1994年3月，省教委、民委、财政厅在成都联合召开了全省教育对口支援协作工作会，对口支援协作的市、地、州教委负责人签订了《教育对口支援协作协议书》。2001年，制定《四川省民族地区教育十年行动计划（2001—2010年）》；2005年，省委办公厅、省政府办公厅印发《关于贯彻落实〈中共中央办公厅、国务院办公厅转发《教育部等十部门关于对"两基"攻坚县教育对口支援工作的意见》的通知〉的意见》等文件，对对口支援做了进一步的具体规定。

（5）招生中的民族政策。四川省对少数民族考生采取择优录取与适当照顾相结合的招生政策。

（6）积极扶持卫生事业。关于少数民族地区卫生事业发展，四川省委、省政府出台了帮助民族地区建立健全医疗卫生机构、加强医疗卫生基础设施建设和卫生队伍建设、支持加强重大传染病和地方病的预防和控制、扶持民族医药事业发展、实施卫生扶贫等政策。①定向培养民族地区卫生医学人才。1986年，四川省委、省高教局、省卫生厅下发了《关于为少数民族地区培养高级医学人才及中级短缺专业人才的意见》，规定了举办民族班、招收少数民族学生的政策。2011年，《四川省卫生厅、四川省中医药管理局、四川省教育厅关于印发〈四川省民族地区卫生人才培养项目实施方案（2011—2020年）〉的通知》提出了民族地区定向医学生（专科）免费培养项目。②科学制定对口帮扶政策。1986年，四川省民委、省高教局、省卫生厅印发了《关于经济发达地区对口支援少数民族地区卫生事业建设的意见》，制定了对口支援的任务、方式方法等具体政策。2004年，四川省开始实施医疗机构对口帮扶政策，每年都有几十支来自省内不同地区、不同专业的医疗队前往甘孜州、阿坝州和凉山州木里县，到县级医院、乡卫生院、村卫生室开展帮扶工作，选派优秀业务骨干开展支医帮扶，并提供专业培训。③加强城乡基层卫生机构建设。1992年四川省政府转批卫生厅《关于加强民族地区卫生事业建设的意见》，对卫生机构的布局坚持从实际出发，因地制宜建设民族地区三级医疗卫生网。④加大对民族医药事业的投入。1986年，省民委和省卫生厅印发《关于"七五"期间发展民族医药的意见》，制定了发展藏医医药，建立藏医院、藏医科以及整理、翻译医药古籍的规划；制定了民族医药机械的生产、人才培养计划，旨在促进民族医药的进一步发掘、整理、提高和研究。2007年《四川省人民政府办公厅关于加快民族医药事业发展的意见》《关于实施"四川民族地区中医药民族医药惠民工程"的通知》，2011年《四川省民族地区卫生发展十年行动计划（2011—2020年）》等文件制定了健全民族医药服务体系、着力人才培养、加强学科研究等发展民族医药产业的政策。

（7）大力发展少数民族文化、体育事业。加强基层文化基础设施建设，帮助每个县建图书馆、文化馆；定期举办全省民族艺术节和民运会，分批扶持50个县的"乌兰牧骑"业余文艺演出队，巩固和新建州、县文化艺术团，为各县配备文化流动车。2007年，四川省人民政府办公厅转发《关于进一步加强四川省少数民族古籍工作的意见》，提出要加强少数民族古籍工作人才队伍建设，增加对少数民族古籍工作的财政投入。2009年，《四川省人民政府关于进一步繁荣发展少数民族文化事业的实施意见》明确加快少数民族和民族地区公共文化基础设施建设，繁荣发展少数民族和民族地区广播、电影、电视、新闻出版事业，实施少数民族和民族地区文化惠民工程，加强对少数民族和民族地区文化遗产的保护等政策措施，提出2020年前少数民族和民族地区公共文化服务、重大文化项目和工程、文化工作体制机制建设等方面的目标任务。

6. 保障各民族使用发展语言文字

语言文字平等,是民族平等的一项重要内容和一个重要标志。尊重少数民族的语言文字,是党和国家的一贯政策。四川的民族语言文字应用在国家政治生活中得到了切实保障,人代会、政协会等重要会议,基本提供了民族语言翻译服务。自治地方党政机关的公章、吊牌,城镇街道名牌,商号、商标、国道、省道等主要道路路标,同时使用民族文字和汉文,方便了广大少数民族群众的日常生活。

7. 尊重和保障少数民族风俗习惯

四川省各级党委、政府对少数民族的婚姻、礼仪、服饰、民居、饮食、丧葬等风俗习惯,都持尊重各民族意愿的立场,交由各族自主进行。1996年,《四川省殡葬管理条例》以法规形式明确了应尊重少数民族丧葬习俗,少数民族和宗教教职人员死亡后,应按少数民族丧葬习俗或宗教习俗安葬。1999年,省民政厅、民委、卫生厅联合重申了根据国家有关法规和政策规定,尊重少数民族丧葬习俗的政策。为了保障穆斯林的清真饮食习惯,成都、德阳等多个中心城市,都有专门立法,保障清真食品的供应和管理,其他地方在综合性的法规中,也对清真食品管理进行了规范。四川省各级政府还重视民族特需品的生产发展,以保障少数民族群众的生产生活所需,改善和提高各族人民的生活质量,增强各民族的团结。

8. 尊重和保护宗教信仰自由

尊重和保护少数民族的宗教信仰自由,是党和政府的一贯政策。《四川省宗教事务条例》第六条规定:公民有信仰宗教的自由,也有不信仰宗教的自由;有选择信仰某种宗教的自由,也有脱离某种宗教的自由。四川省在民族地区认真贯彻了党和国家的宗教政策。省政府采取修缮保护寺观、教堂,创办佛学院,培养爱国宗教职业人员等配套措施,切实保障了少数民族宗教

信仰自由的权利。

（二）政策执行情况及效果

1. 加强民族团结，维护社会稳定

（1）深入开展民族团结进步创建活动。1984年5月，全省召开了第一次民族团结进步表彰大会，对136个先进集体、253名模范个人授奖。1984年至2015年全省共召开了七届民族团结进步表彰大会。

四川省各地还开展了形式和内容多样的民族团结宣传活动，如木里县组织宣传队深入乡镇、牧场、寺庙开展民族团结和爱国主义宣传教育，冕宁县结合彝家新寨建设，在彝海结盟遗址所在地的彝海乡、拖乌乡开展民族团结、爱国主义和遵纪守法的宣传教育。泸州市纳溪区通过"网络工程、亲情服务、文化惠民"活动，构建起社区民族工作新格局。成都市武侯区玉林街道依托四川大学华西医院，为来蓉就医的少数民族农牧民提供导医、住宿服务。成都、德阳、乐山、攀枝花、宜宾、遂宁、达州等市，在各类学校组织开展了丰富多彩的民族团结主题活动。四川省的民族团结进步创建活动走进社区、街道、乡镇、村寨、学校、企业、协会、医院、机关、部队等基层单位，进一步扩大了民族团结进步创建活动的社会示范效应。

（2）增强维稳能力，健全维稳机制。1995年以来，省委、省政府主要领导每年春节前夕率团慰问少数民族，帮助少数民族群众解决生产生活和民族地区发展、稳定中的具体困难和问题，增进了民族团结。2000年，省政府设立每年100万元的"维护民族团结、保持社会稳定"奖励资金，建立了维稳机制。2005年，四川省建立成都市和三州党政联席会议制度，构筑了加强区域协作、有效维护稳定的联动机制。同时编制《涉及民族方面群体性事件应急预案》，把共同维护民族团结、构建和谐社会、建设平安四川作为联席会议的主要目的和任务。2014年，省民宗委印发《四川省民族宗教工作部门重大事项社会稳定风险评估实施办法（试行）》的通知，进一步规范和推进民族宗教工作部门重大事项社会风险评估工作，切实维护社会和谐稳定。

2. 实施民生工程，切实改善人居生活

四川省委、省政府还结合省情和民族地区实际，实施重大民生工程，切实推动了民族地区民生改善。

从1990年开始，川西北地区进行人草畜"三配套"（人有定居房、草有围栏基地、畜有保温棚圈）建设，"三配套"牧户达到8万多户，改变了牧民生活条件和牧区生态环境。甘孜州的牲畜死亡率从"三配套"建设前的8%—12%降到了建设后的4.5%左右；牲畜掉膘损失从30%降到15%—20%；仔畜成活率从82%上升到89%左右。仅这三项减少的损失就达3.8亿元，相当于1999年该州牧业产值的65%。"三配套"建设共帮助33万牧民告别"逐水草而居"的历史。

2002年，实施"牧区综合配套建设升级深化工程"，帮助了1万户牧民实现定居。2003年，再次启动"牧区综合配套建设升级深化工程"，每年投入1000万元，帮助1万户牧民进行"三配套"升级工程建设，至2005年累计设围栏改良草地近1400万亩。

2003年，四川省投入7300万元，在8个牧区县的9个点进行"牧民新村示范工程"，促进了人居环境改善和牧民生活方式转变。2003年，投入资金2000万元，实施民族地区"农牧业产业化推动工程"，提高了农牧业的比较效益；川西北高原"退牧还草工程"使民族地区生态环境和农牧民生产生活条件进一步改善。

2006年起，实施"三州少数民族贫困农牧户解困工程"，3年内帮助10万户农牧民改善住房条件。

从2009年开始，四川省在藏区实施"牧民定居行动计划暨帐篷新生活行动"。政府对定居点给予了公共服务配套，建设了道路、饮水、电力、

图7-1 牧民定居行动计划暨帐篷新生活行动（省民宗委提供）

排污、通信等生活设施，保证通水、通电、通路等，还在每个定居点设立了"一心六室"，即村民活动中心和党员现代远程教育工作室、牧业技术服务室、医务室、人民调解室、警务工作室、农家书屋，牧民生产生活条件和牧业经济抗御自然灾害的能力显著提高。2013年底，"牧民定居行动计划暨帐篷新生活行动"顺利完成，累计投资180多亿元，共建成定居点1243个、定居房100574户，极大改善了藏区的综合条件，促进了藏区经济社会发展、人民生活改善、生态环境优化。

从2003年起，四川省开始实施彝区"三房"改造行动计划，用8年时间，累计投入财政补助资金5.4亿元，帮助14万户、60多万彝族群众迁入新居。2012年"三房"改造任务完成后，四川省又全面启动"彝家新寨"建设，向更高目标迈进；配合"三房"改造，以"板凳工程"为切入点，发放新生活"四件套"，开展"彝区健康文明新生活运动"。这些民生工程的实施，极大地改善了凉山少数民族贫困群众的居住条件，推动了当地思想观念和生活

图7-2 叙永县彝家新寨(何文海摄)

方式的转变,使民族地区贫困群众真正感受到了党和政府的关心和温暖。

四川省实施民族地区"四小工程"(小水利、小水电、小桥小路、照明),大力加强民族地区农村基础设施建设。在项目实施上坚持以改善民生为核心,以改善农村群众生产生活条件和助农增收为重点,切实解决自然环境差、基础条件薄弱民族地区群众急盼解决的小水利、小水电、小桥小路、照明等问题。

3. 发展社会事业,建设和谐社会

(1)教育事业得到长足发展。2001年,四川省启动《四川省民族地区教育发展十年行动计划(2001—2010年)》,在10年内共"拼盘"投入各类资金30亿以上,每年实施300所中小学改扩建项目,发展寄宿制教育和现代远程教育,同步开展33所高校、10市63县1568所中小学与民族地区1512所中小学的对口帮扶。

2011年,《四川省民族地区教育发展十年行动计划(2011—2020年)》

提出，民族地区在巩固提高九年义务教育水平的同时，要全面形成覆盖城乡、惠及全民的公共教育服务体系，基本形成现代学校教育教学管理体系，显著提升教育质量和学校管理水平，为民族地区经济社会跨越式发展奠定坚实的人才基础。

2009年，四川启动了"9+3"免费教育计划，积极组织藏区初中毕业生和未升学的高中毕业生到内地接受3年免费中等职业教育。对到内地"9+3"学校就读的藏区学生，全部免除学费并提供生活补助和交通、住宿、书本、一次性冬装等杂费补助及学校工作经费补助，每生每年共7000多元，享受与学校驻地城镇居民同等的医疗保障；对在藏区内就读中职学校的学生给予免除学费、补助生活费的资助。同时全面加强"9+3"学校和藏区内中职学校基础建设。2014年，比照藏区"9+3"免费资助政策，四川省又启动实施了大小凉山彝区"9+3"免费教育计划。

图7-3　四川省藏区首批"9+3"学员赴内地读书启动仪式（省民宗委提供）

（2）居民健康水平得到显著提高。2011年，四川省就发展民族地区卫生事业制定《四川省民族地区卫生发展十年行动计划（2011—2020年）》。在人才培养上，规划明确要求从定向学历教育、强化人才培养、定向人才引进、强化对口帮扶、人才激励稳定等5方面推进人才培养和稳定。针对民族地区公共卫生，规划要求提高免疫接种率、坚持关口前移、普及健康教育、提高孕产妇入院分娩率等。对大骨节病、包虫病等困扰民族地区的疾病，明确了预防控制指标。在医疗服务体系上，要健全州、县、乡、村四级医疗网络，建立区域性医疗服务中心，实现村村有卫生室、乡乡有卫生院、县县有现代化医院，解决当地群众的就诊需求。除国家和省安排的专项资金外，省政府将累计再投入20亿元用于加快人才培养、强化公共卫生、扩大医疗体系建设。

图7-4　为病区儿童发放维生素及微量元素补充药品进行干预治疗（省民宗委提供）

（3）民族文化事业蓬勃发展。四川省加强了民族地区现代文化的基础设施建设，实施"广播电视村村通"的"西新工程"，大力发展广播和电影、图书事业；开展送文化下乡，送电影下乡，送图书下乡活动。各地文化馆（站）经常以书报、黑板报、幻灯片、电视、图片展览、美术摄影和文艺演出等形式丰富各族人民文化生活，还经常组织业余文艺宣传队到农村、牧区为群众演出。

图7-5　四川省民族地区村民活动中心（省民宗委提供）

4.实施扶贫工程，脱贫攻坚成绩显著

省委、省政府通过集中投入、综合施策，实施了一系列扶贫工程，使民族地区农村贫困问题得到较大缓解。1991年，四川省设立了民族地区经济开发工作领导小组办公室，设立了民族地区专职扶贫开发工作机构，落实了扶贫资金，积极开展扶贫工作。1994年，国家制定"八七扶贫攻坚计划"后，四川省重新对民族地区的贫困问题进行摸底排查，确定全省民族自治地方贫困县为29个，其中，国扶贫困县16个，省扶贫困县13个。1995年制定印发了《四川省7118扶贫攻坚计划》《甘孜州"九五"期间扶贫攻坚计划》《阿坝州723扶贫攻坚计划》《凉山州7210扶贫攻坚计划》，同时，民族地区所有列入国家和省扶贫工作重点的县均制定了扶贫攻坚计划。四川省在全面实施好教育扶贫、卫生扶贫、移民扶贫、牧区扶贫、新村扶贫五大工程的同时，于2008年制定《阿坝州扶贫开发和综合防治大骨节病试点工作总体规划（2008—2012年）》，投资项目资金20多亿元用于易地育人、更换粮食、饮水安全、社会保障、移民安置、调整结构、科技攻关及卫生防病等大骨节

图7-6　平武县白马藏族乡养蜂专家现场为贫困户教授技能（白马乡政府提供）

病的综合防治，惠及全州11个县、79个乡镇、294个村、42689名大骨节病患者。2010年制定《关于加强推进彝区跨越式发展的意见》，扶持彝区基础设施建设、社会事业发展、新村建设等。

图7-7　昭觉县金曲乡呷朵村贫困户异地搬迁安全住房建设开工典礼（何文海摄）

四川省民族地区农村贫困人口从2011年底的115.58万人减少到2013年底的86.82万人，减贫28.76万人。

5. 培育并留用一批民族干部

（1）建立培训基金。四川省设立少数民族干部培训专项基金，用于民族干部的教育培训，提高民族干部的整体素质，少数民族干部培养选拔不断加强。

（2）制定少数民族干部人才培养专项规划。2007年，四川省专门出台了加强甘孜州人才队伍建设的具体帮扶意见。2008年，四川省制定了《关于实施"民族地区人才振兴计划"的若干意见》，提出了加强高层次人才培养、实施百名急需人才援州计划、组建民族地区发展专家服务团、加大对民族地区人才开发投入等一系列政策措施，为统筹推进民族地区人才开发提供了有力的政策支持。

（3）强化挂职锻炼。每年有计划地组织民族自治地方干部到中央国家机关和省外发达地区挂职锻炼，到省级机关和省内经济发达地区挂职锻炼，同步从省级机关和内地市县选派干部到民族地区挂职锻炼。

（4）注重培养提高。实施启动"希望之光"专业技术人才培养计划，加大急需紧缺人才培训培养。2001年，启动"千名干部人才援助藏区行动"，从省直机关和13个内地市选派优秀干部到藏区挂职，选派紧缺急需专业技术人才到藏区提供援助；同时，从藏区选派政治素质好、有发展潜力的后备干部到省直机关和内地挂职1年。

（5）对民族地区补充人才实行政策倾斜。降低民族地区招考笔试分数线，拿出部分职位专门面向民族考生招考，在民族地区设置部分双语职位，降低职位对民族考生的学历要求。

6. 规范少数民族语言文字，保护传承少数民族文化

四川省成立少数民族语言文字工作委员会（省民语委），承担拟订全

省少数民族语言文字工作规划并监督实施,组织协调民族语言文字规范化、标准化和信息化工作,指导民族语言文字翻译、出版,以及参与协调双语教育、科普推广等。除了省民语委外,省语委、省教育厅民族教育处作为指导和促进语言文字工作的重要机构,在少数民族语言文字规范化、标准化工作和双语教学、双语师资培训以及信息处理的研究与应用等方面发挥着骨干作用。除此之外,《民族》杂志社、四川民族出版社以及西南民族大学的中国少数民族语言文学专业、藏学学院、彝学学院等出版、科研教学机构也成为全省促进和发展、普及和推广少数民族语言文字的重要力量。

二、改革开放以来四川的民族工作

四川民族地区自古就是民族走廊,有全国最大的彝族聚居区、第二大藏族聚居区和唯一的羌族聚居区,在我国民族分布格局中占有重要位置。民族自治区域面积为30.2万平方千米,占四川省总面积的62%。四川藏区居于"稳藏必先安康"的重要战略地位,因此,做好民族工作不仅事关民族地区改革发展和稳定,也关系到全省工作大局甚至全国的安定团结局面。

四川省委、省政府历来高度重视民族工作,为整合资源、凝聚力量,加强对民族工作的领导,于1954年3月成立了中共四川省委民族工作委员会,作为省委主管民族工作的综合部门,总揽全省民族工作。民族工作任务较重的市、县也相继成立了民族工作委员会,从而形成了"纵向深入、横向拓展"的民族工作体制机制。中共十一届三中全会以后,四川省民族工作步入良好发展时期,各级民族工作机构迅速得到建立、健全。

(一)改革开放以来四川民族地区经济社会发展

1978年,党的十一届三中全会开启了改革开放的历史新时期。四川省

始终坚持把加快少数民族和民族地区经济社会发展作为解决民族问题的根本途径，制定了发展民族地区经济的基本方针，并据此制定了主要政策和战略措施。在省委、省政府的带领下，全省民族地区坚持以经济建设为中心，解放思想，深化改革，扩大开放，抓住机遇，加快发展，民族地区的面貌发生了翻天覆地的巨大变化，在实现跨越式发展、全面建设小康社会与和谐社会的道路上迈出了坚实步伐。

1. 经济发展步伐加快，综合实力显著增强

改革开放为民族地区注入生机和活力，民族地区经济发展步伐不断加快。特别是跨入21世纪以来，经济发展更是呈加速态势，综合经济实力显著增强。1978年四川民族地区生产总值为14.09亿元，三次产业结构为49.2∶31.8∶19。

（1）"七五"期间（1986—1990）。民族地区生产总值增长较快。其中，1990年末全省民族自治地方生产总值达到66.82亿元，比1980年的20亿元增长了2.34倍，比1986年增长71%。1990年，民族自治地方全部职工工资总额11.15亿元，比1985年增长93.6%，年均增长14.1%；全部职工平均工资为2090.6元，增长83.7%，年均增长12.9%。农民人均收入419元，比1985年增加83元，增长24.7%，年均增长4.5%。城乡居民储蓄存款余额达17.06亿元，增长2.26倍，年均增长26.7%；人均储蓄存款210元，比1985年增加142元，年均增长25.3%。

（2）"八五"期间（1991—1995）。1995年，民族自治地区生产总值175.74亿元，增长10.6%，其中第一产业增加值69.01亿元，增长6.1%；第二产业增加值54.04亿元，增长16.2%；第三产业增加值52.69亿元，增长10.7%。全年社会消费品零售总额55.65亿元，增长19.3%，其中国有经济单位消费品零售总额19.65亿元，增长9.7%；集体经济单位消费品零售总额7.66亿元，增长10.4%；批发零售贸易业消费品零售总额35.90亿元，增长

16.3%。年末城乡居民储蓄存款余额62.83亿元，增长36.0%，其中城镇居民储蓄46.87亿元，增长37.7%；农村居民储蓄15.96亿元，增长31.5%。

（3）"九五"期间（1996—2000）。民族自治地方生产总值年均增长7.4%，其中1997年增长9.7%；1999年增长9.8%，比全国平均增幅高出2.5个百分点。人均生产总值由1995年的2414元增加到2000年的3535元。2000年民族自治地方第三产业对经济增长的贡献率为46.5%，比第一、二产业的贡献率分别高27.5和12个百分点。

（4）"十五"期间（2001—2005）。民族地区经济发展势头良好，2002年，民族自治地方实现地区生产总值264.7亿元，比上年增长11.1%，增长速度比上年快1.3个百分点，比全省高0.5个百分点。地方财政一般预算收入达到12.95亿元，增长7.9%。三次产业结构调整为32.1∶33∶34.9，首次实现了第二、三产业比重均高于第一产业比重，经济结构调整有了质的飞跃。2002年，全部工业实现增加值58.9亿元，增长11.6%，其中水电产值占全部工业总产值的30%以上，高耗能工业占25%以上。工业对经济增长的贡献率为23.9%。

2005年，民族自治地方实现地区生产总值453.6亿元，比上年增长14%，增速比全省高1.4个百分点。三次产业结构由上年的30∶37∶33调整为27.8∶36.9∶35.3。第一产业增加值126.3亿元，增长6.5%，对经济增长的贡献率由上年的11.2%上升为12.9%；第二产业增加值167.5亿元，增长25.8%，对经济增长的贡献率首次超过60%，由上年的58.9%提高到61.2%，增加了2.3个百分点；第三产业增加值159.8亿元，增长9.3%。民族自治地方全部工业实现增加值122.4亿元，比上年增长27.5%；工业对经济增长的贡献率为49.3%，比2000年增长1.5倍。其中，国有及年销售收入500万元以上非国有工业企业增加值98.5亿元，增长33%。

（5）"十一五"期间（2006—2010）。2010年，民族地区生产总值突破千亿元大关，达1102.6亿元，占全省地区产生总值的6.5%，与"十五"末相比，总量翻一番；地方财政一般预算收入过百亿（101.55亿元），是2005年的4倍；农牧民纯收入超4千元（4124元），比2005年增加近2000元。2005年至2010年，第一产业增加值240.3亿元，增长4.5%；第二产业增加值504.1亿元，增长28.3%；第三产业增加值358.2亿元，增长10.7%。三次产业结构由上年的24.5：40.1：35.4调整为21.8：45.7：32.5，其中第一产业比重下降2.7个百分点，第二产业比重上升5.6个百分点。2010年全部工业增加值825.3亿元；社会消费品零售总额337亿元，增长20.7%；城乡居民储蓄存款余额587.8亿元，增长20.7%；城镇在岗职工平均工资31575元，增长11.4%；城镇居民人均可支配收入达14797元，增长12.7%；农牧民人均纯收入4055元，比上年增加564元，增长15.9%。

（6）"十二五"期间（2011—2015）。2015年，全省民族自治地方实现地区生产总值1900.6亿元，比上年增长4.0%。第一产业增加了4.2%，增加值379.9亿元；第二产业增加值905.6亿元，增长2.0%；第三产业增加

图7-8　四川省民族地区的移动基站（省民宗委提供）

值615.1亿元，增长7.7%。三次产业结构由上年的19.5∶50.5∶30.0调整为20.0∶47.6∶32.4，第三产业增加值占比提高2.4个百分点。2015年全年实现全部工业增加值664.4亿元，比2014年下降0.9%；全社会固定资产投资1991.4亿元，增长0.4%；社会消费品零售总额691.8亿元，增长10.7%；农村居民人均可支配收入9250元，增长12.1%；城镇居民人均可支配收入24430元，增长8.0%。

2.统筹社会经济发展，社会事业长足进步

改革开放以来，民族地区在坚持抓经济发展的同时注重社会事业的发展，特别是进入21世纪以来，在科学发展观的指导下，统筹社会经济协调发展，加大对社会事业的投入，社会事业呈加快发展态势，社会与经济协调发展明显增强。

（1）民族地区教育事业快速发展，成效显著。自2001年四川正式启动"四川省民族地区教育发展十年行动计划"以来，四川民族自治地区现代教育发展体系初步形成，先后有44个县基本普及九年义务教育，51个县（市）全部普及小学教育，基本扫除青壮年文盲，"普九"人口覆盖率由2000年的19.83%提高到99%。2010年，我省民族自治地方共有幼儿园和各类中小学校3853所，在校学生128万余人，在校生规模比2000年净增40余万人，其中，义务教育阶段学生增加32万人。

寄宿制教育发展。"四川省民族地区教育发展十年行动计划"实施以来，共有寄宿制学校1821所，寄宿制学生达46万名。10年间共投入7亿多元资金，为212万名寄宿制学生发放了生活补助；投入2820万元为578所寄宿制学校修建了小型牧场和种植养殖基地。

教师队伍素质明显提高。大力实施"教师继续教育工程"和"教师综合素质培训计划"，共培训民族地区学校干部和教师10万余人次。

对口支援工作不断加强。组织成都、绵阳、德阳等市对口支援甘孜、阿坝、凉山三州47个县的中小学校，互派教师和管理人员任教、任职和锻炼，帮助提高民族地区学校的教育质量和管理水平。成都、绵阳等内地10个市的1568所中小学、省内33所高校以及37个省直部门结对帮扶民族地区教育发展，累计为民族地区选派8000名支教教师，捐款捐物总价值达1.2亿多元，并接收了3050名民族地区校长、教师到内地学校学习提高。

双语教育成绩喜人。20世纪80年代中后期，四川逐步恢复民族语文教学工作，主要在彝族聚居区和藏族聚居区实行藏汉、彝汉"双语教学"体制，并根据民族地区的实际情况将双语教学分为两种教学模式。一类模式以本民族语文教学为主，同时开设汉语文课；二类模式以汉语文教学为主，同时开设民族语文课。

2000年，全省开展藏汉、彝汉双语教育的小学有1977所，在校生143052名；中学132所，在校生24479名。其中：实行以藏文为主，同时开设汉语文课程模式的小学208所，在校生11481名，中学5所，在校生1069名；实行以彝文为主，同时开设汉语文课程模式的小学119所，在校生7473名，中学8所，在校生810名；实行以汉语文为主，同时开设藏语文课程模式的小学997所，在校生66846名，中学48所，在校生7111名；实行以汉语文为主，同时开设彝语文课程模式的小学653所，在校生57252名，中学71所，在校生15489名。

至2014年，甘孜州开展双语教学的中小学校460所，占中小学校总数的75.53%，双语教学中小学生99163人（一类模式学生12150人，二类模式学生87013人），占全州在校学生总数的70.43%；阿坝州开展双语教学的中小学校242所，占中小学总数的42.53%，双语教学中小学生41336人（一类模式26610人，二类模式18726人）；凉山州有808所中小学的19万余名学生接受双语教学，其中，一类模式中小学共计60所，二类模式中小学共计748所，另外，有3个县（市）办有一类模式高中3所，分别是喜德县民族中学、昭觉县民族中学和西昌市民族中学。

（2）医疗卫生事业取得新进展，健康保障水平不断提高。改革开放以来，新型农村合作医疗试点工作覆盖民族地区51个县（市），截至2013年底，民族地区新农合参合率达98.75%。基本药物制度在所有政府办基层医疗卫生机构实现全覆盖，民族地区基层医疗卫生机构基本药物实际销售价格较实施基本药物制度前下降近30%。

卫生服务体系不断完善。1978年，全省民族自治地方共有卫生机构2058个、床位14225张；1990年，共有卫生机构3082个、床位21234张；2000年，共有卫生机构1682个、床位15295张[①]；2010年，共有卫生机构2090个、床位19791张。至2013年底，民族地区有卫生机构15584个、床位49879张，分别较2010年增加9.4%和30.6%。民族地区公共卫生服务体系、医疗服务与救治

图7-9　阿坝州开展大骨节病普查（省民宗委提供）

---

① 1997年重庆成为直辖市从四川省划出之后，部分民族地区从四川划到重庆，且撤乡并镇后有些卫生机构被撤销，因此卫生机构数量反而下降了。后文卫生技术人员和医生人数同理。

体系、卫生执法监督体系全面建立。①

卫生人才队伍不断充实。通过执业（助理）医师、公共卫生人员、乡村医生招聘项目，为民族地区引进人才；全面启动卫生人才培养，为民族地区培养急需专业技术人员和高层次人才；实现了内地医疗机构对民族地区对口支援全覆盖。1978年，全省民族自治地方有卫生技术人员15058人、医生7303人；1990年，有卫生技术人员18481人、医生10155人；2000年，有卫生技术人员14807人、医生7889人；2010年，有卫生技术人员24848人、医生7485人。截至2013年底，全省民族地区卫生技术人员达到47251人。

（二）十八大以来民族地区的新气象

党的十八大以来，四川省委、省政府坚决贯彻中央部署要求，坚持民族区域自治制度，贯彻执行党的民族政策，持续抓好发展、民生、稳定三件大事，强力推进民族地区跨越发展和长治久安，在党中央的坚强领导和亲切关怀下，经过全省干部群众不懈努力，民族地区呈现出经济加快发展、社会事业进步、各族群众安居乐业、社会政治和谐稳定的良好局面。

1. 新形势下开展民族工作的方向更加明确，路径更加清晰

2014年9月，中央民族工作会议在京召开。会议全面分析了我国民族工作面临的国内外形势，深刻阐述当前和今后一个时期我国民族工作的大政方针，为新形势下全省进一步做好民族工作提供了指导思想和正确方向。为贯彻落实中央民族工作会议精神和《中共中央、国务院关于加强和改进新形势下民族工作的意见》，四川省委、省政府印发了《关于做好新形势下民族工作的意见》，要求各级党委、政府把思想认识统一到中央加强和改进新形势

---

① 资料来源于《四川省民族地区国民经济和社会发展统计历史资料（1985—1990）》（四川省民族事务会、四川省统计局编，1992年）；《四川省国民经济和社会发展的统计公报（1995—2005）》（见《四川统计年鉴》）。

下民族工作的决策部署上来，按照"以增加投入改善民生为主线来缩小差距，以加大扶持落实政策为保障来促进跨越，以增进互信促进团结为前提来构建和谐，以建强队伍培养人才为基础来提供支撑"这一新形势下全省民族工作新的总体思路，团结带领全省各族人民共同推进民族地区跨越发展和长治久安，实现民族地区同步建成小康社会。

2. 突破关键瓶颈，基础设施跨越式发展

四川省积极贯彻落实中央民族工作会议精神，抢抓国家支持民族地区跨越发展的有利时机，补齐民族地区交通发展短板，以"打通对内对外联系的'大通道'、畅通与大通道联系的'静脉'和'毛细血管'"为重点，谋划民族地区交通发展，研究启动实施民族地区致富奔小康公路建设攻坚，努力完善公路网络，大力改善交通条件。四川省两项资金的投入始终围绕民族地区基础设施条件改善这一重点，切实加大农牧区民族团结进步新村示范工程、四小工程等直接关系群众生产生活条件改善的基础设施投入力度。目前，民族自治地方通航机场达到5个，公路通车里程达7.3万余千米，阿坝州

图7-10 "村村通"工程已落实到每户（省民宗委提供）

率先在全国30个民族自治州实现乡乡通油路、村村通公路两个100%目标。

3.聚力脱贫攻坚,人民生活水平显著提高

消除贫困,实现共同富裕,是我国社会主义制度的本质要求,党的十八大确立了到2020年我国全面建成小康社会的奋斗目标。习近平总书记强调:"全面实现小康,少数民族一个都不能少,一个都不能掉队。"2016年全国两会期间,习总书记又强调:"社会事业发展和民生建设资金要向民族地区倾斜,让民族地区群众共享改革发展成果。"四川省民族自治地方共有45个扶贫工作重点县,占四川省88个扶贫工作重点县的51%。省委、省政府对民族地区制定和实施了一系列特殊扶持政策。

在藏区,中共第六次西藏工作座谈会召开后,为全面贯彻新时期中央和省委藏区工作总体思路,四川省政府办公厅印发《2016年藏区六项民生工程计划总体工作方案》,并分别制定扶贫解困行动、就业社保促进、教育发展振兴、医疗卫生提升、文化发展繁荣、藏区新居建设等6个实施方案,预计各项民生工程投入资金共60.9亿元(含银行贷款和群众投工投劳),较上年增加约8亿元。按照省委把解决困难群众脱贫问题作为藏区全面建成小康社会最突出任务的要求,各项工作方案紧密结合精准扶贫、精准脱贫,对接推进"五个一批"行动计划和十个脱贫攻坚专项方案,加大力度将政策和项目向农牧民、贫困人口倾斜。2013年到2016年底,累计建成新村聚居点295个,建成新居72558户;对1.5万余名包虫病病人实施了药物治疗。

在彝区,2010年以来,四川省委、省政府斥巨资强劲推进大小凉山彝区实施综合扶贫开发等一系列重大民生工程,累计投入各类资金246亿元,建成彝家新寨1012个,惠及8.6万户共40余万彝区群众。为了继续解决大小凉山彝区突出民生问题和长远发展问题,2014年,四川省委、省政府出台了《大小凉山彝区"十项扶贫工程"总体方案》,计划从2014年到2020年,在大小凉山彝区13个县(区)强化"十项扶贫工程",确保大小凉山彝区贫困户增收高于全省农民人均纯收入增长水平2个百分点以上;到2020年大小凉山彝区与全省同步消除绝对贫困现象,夯实全省全面建成小康社会基础。

图7-11　叙永县彝家新寨(何文海摄)

特别是自党的十八大召开以来,推进民族地区脱贫攻坚工作取得了显著成效,少数民族地区农牧民的收入水平实现了快速增长,年均增速远高于全国和全省平均水平,与全国和全省的收入差距不断缩小。甘孜州2016年农牧民人均可支配收入达到9367元,比2014年增加了2026元,以平均每年13.8%的速度增长。阿坝州2016年农牧民人均可支配收入达到10702元,比2014年增加了2116元,以平均每年12.3%的速度增长。凉山州2016年农民人均可支配收入达到10368元,比2014年增加了1906元,以平均每年11.3%的速度增长。

4.服务民生水平不断提升,惠民工程亮点纷呈

发展民族教育,是民族地区阻断贫困代际传递、实现精准扶贫和长治久安的根本途径。为深入贯彻落实《国务院关于加快发展民族教育的决定》和第六次全国民族教育工作会议精神,加快提升全省少数民族和民族地区教育发

展水平，2016年，四川省人民政府办公厅下发《关于加快发展民族教育的实施意见》。

从2016年春季学期起，在免费义务教育和中职教育的基础上，全省全部免除民族自治地方51个县（市）学前教育保教费和普通高中学费、教科书费，受益学生达150万人，民族地区15年免费教育全面实现。四川从2015年秋季起，在彝区13个县（区）实施了"一村一幼"计划，省级财政按"每个幼教点配备2名辅导员，每名辅导员每月补助2000元劳务报酬"的标准给予定额补助。目前，彝区共开办村级幼教点3363个，招收幼儿12万人，学前三年毛入园率较2015年提升20%，基本解决了偏远贫困地区入园难问题。从2017年起，"一村一幼"计划支持范围由彝区13个县（区）扩展到民族自治地方51个县（市）。

党的十八大以来，全省累计投入400亿元支持民族地区教育发展，实施了"四川省民族地区教育发展十年行动计划""大小凉山彝区教育扶贫提升工程""藏区教育发展振兴计划""藏区千人支教十年计划"等，新改扩建各类学校1000余所，补充各级专任教师1.35万人，在1049所学校推行双语教学，为168所中小学及幼儿园开通远程教育。

党的十八大以来，随着"四川省民族地区卫生发展十年行动计划"的不断推进，民族地区医疗卫生状况发生了翻天覆地的变化。

医疗卫生体系建设取得新进展。国家和省不断加大对民族地区卫生体系基础设施建设的投入力度，基本健全了全省民族地区公共卫生服务体系、医疗救治体系、卫生执法监督体系网络，基本医疗卫生服务体系正从建立走向健全，人均医疗卫生资源已接近全省平均水平，与内地差距明显缩小。

卫生人才队伍建设实现新突破。全省先后出台了《四川省民族地区卫生人才项目实施方案（2011—2020年）》《关于加强藏区县乡村医疗卫生队伍建设的意见》《关于加强基层专业技术人才队伍建设的实施意见》，在全省民族地区专业技术人才的招聘配备、培养使用、流动管理、评价激励、服务

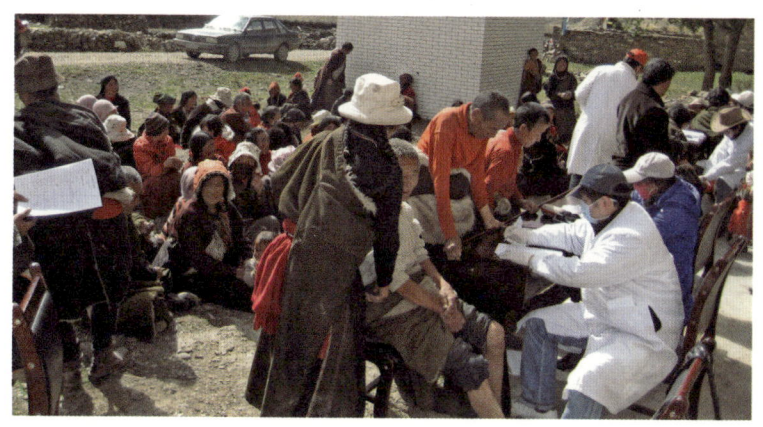

图7-12　医务工作者在病区进行调查并发放内科治疗药物（省民宗委提供）

保障等方面制定了一系列优惠政策措施，为加强基层专业技术人才队伍建设提供了制度遵循和政策支持。

群众健康保障水平上新台阶。民族地区新农合筹资水平从2012年的人均290元，提高到2016年的人均540元。参合人数由2010年的696.56万人扩大到2014年的723.21万人，参合率较2010年的92.25%提高7.03个百分点，住院实际补偿比由2010年的45.76%提高到64.41%。

图7-13　医务人员在牧区为群众看病（省民宗委提供）

5. 重视培养和使用，民族干部不断茁壮成长

习近平总书记在第六次中央民族工作会议上强调，做好民族工作关键在党、关键在人，民族地区要大力培养选拔少数民族干部。民族工作实践表明，少数民族干部与本民族有着广泛而密切的联系，是我们做好民族工作的骨干力量。努力造就一支宏大的德才兼备的少数民族干部队伍，是做好民族工作和解决民族问题的关键。十八大以来，四川省认真贯彻党的民族干部政策，2015年制定了《2015—2020年四川省民族宗教工作干部教育培训规划》。在党和国家高度重视下，全省少数民族干部队伍不断发展壮大，到2015年，全省少数民族公务员总数达4.45万人，少数民族专业技术人员61472人。

6. 民族文化蓬勃发展，中华民族共同体意识不断加深

"文化是民族的血脉，是人民的精神家园。"十八大以来，全省积极推进民族文化事业发展，民族地区群众的精神文化生活更加丰富多彩，民族文化艺术得到进一步保护、传承与发展。

实施民族文化建设推进工程。2013年起，启动实施"民族文化建设推进工程项目"，累计投入三州开发资金2360万元，帮助甘孜、阿坝、凉山州集

图7-14 "9+3"学生表演舞蹈《唐古拉之恋》（省民宗委提供）

中打造了4台精品特色文化"大戏",扶持三州地区63个基层民族文艺演出团队有效改善了服装、道具、舞台、音响、灯光等文艺演出设施设备。通过三州开发资金的扶持,全省民族地区特色鲜明的文艺团体得以充实,文艺创作热情高涨,颇具民族代表性的精品剧目得以更多地走出家门,走向全国。

扶持基础公共文化体育设施建设项目,推进公益性基础骨干文艺团队建设。2014年,四川省向全省民族地区文化(文物)建设投入资金4.16亿元,推进"五馆一站"免费开放、农村文化建设和国家文化生态保护实验区建设。广播电视"户户通""村村响"致力于把覆盖面延伸到最偏远的民族地区。同时,"春雨工程""四川文化志愿者进藏区"等系列公共文化品牌活动,也通过"大讲堂""大舞台""大展台"等方式走进民族地区的学校、图书室、村寨,有效促进了公共文化服务均等化。

图7-15　甘孜州理塘县禾然尼巴定居点图书阅览室(省民宗委提供)

全省还出台政策扶持少数民族非物质文化遗产手工技艺类产品创作生产帮扶项目,扶持少数民族语言文字、古籍文献传承保护等项目,保护和传承

少数民族优秀传统文化，构筑中华民族共有精神家园。

7.扎实开展民族团结创建活动，民族交往交流交融不断加深

团结稳定是各民族共同发展进步的重要前提。习近平总书记反复强调民族团结的重要性："各族干部群众都要像爱护自己的眼睛一样爱护民族团结，像珍视自己的生命一样珍视民族团结，坚决反对一切不利于民族团结的言行。"全面深入持久开展民族团结进步创建活动，是中央的重要战略部署，是新形势下推进民族团结进步工作的重要举措。为推动民族团结进步事业不断发展，四川省2014年印发《四川省民族团结进步模范评选表彰办法》；2016年印发《加强和深化民族团结进步创建活动 奋力建设民族团结进步同步全面小康示范省工作方案（2016—2020）的通知》，提出采取多种形式开展民族团结进步创建活动，并确定了通过5年努力创建民族团结进步同步全面小康示范省的目标。目前，全省已建立152个民族团结进步创建活动示范单位和10个民族团结进步教育基地，"三个离不开""四个认同"观念深入人心。

参考文献

[1]蔡富莲.当代凉山彝族家支聚会及其作用[J].民族研究,2008(1).

[2]焦虎三.汶川地震三周年祭:见证羌族文化的新生[J].文化月刊,2011(5).

[3]康定民族师专编写组.甘孜藏族自治州民族志[M].北京:当代中国出版社,1994.

[4]李全中,漆明生,张为波.四川少数民族对抗日的贡献[J].西南民族学院学报,1987(4).

[5]李绍明.李绍明民族学文选[M].成都:成都出版社,1995.

[6]李小康.四川省野生动物保护工作二十年取得可喜成就——写在《野生动物保护法》实施二十周年之际[J].四川动物,2009(2).

[7]李星星,冯敏,等.长江上游四川横断山区生态移民研究[M].北京:民族出版社,2007.

[8]《凉山彝族自治州概况》编写组.凉山彝族自治州概况[M].北京:民族出版社,2009.

［9］刘奇葆：四川地震灾区实现家家有房住、人人有保障［N/OL］. 中国新闻网, 2011-11-23.

［10］林耀华. 凉山彝家的巨变［M］. 北京：商务印书馆, 1995.

［11］罗桑丹增, 周润年. 藏族民俗［M］. 成都：巴蜀书社, 2003.

［12］马尔子. 凉山民族研究（4）［M］. 北京：民族出版社, 2013.

［13］马尚林. 四川回族历史与文化［M］. 成都：四川民族出版社, 2005.

［14］秦和平, 冉琳闻. 四川民族地区民主改革大事记［M］. 北京：民族出版社, 2007.

［15］曲木车和. 四川省民族工作50年［M］. 成都：四川民族出版社, 2004.

［16］冉光荣, 等. 羌族史［M］. 成都：四川民族出版社, 1985.

［17］任新建. 康巴历史与文化［M］. 成都：巴蜀书社, 2014.

［18］四川省民族事务委员会. 民族政策文件汇编（1991—1999）［Z］. 1999.

［19］四川省民族事务委员会. 民族工作文件选编（2000—2003）［Z］. 2003.

［20］四川省民族事务委员会. 四川省党政干部民族知识读本［M］. 成都：四川民族出版社, 2008.

［21］四川省民族研究所. 四川少数民族［M］. 成都：四川民族出版社, 1958.

［22］四川省民族宗教委员会办公室. 民族工作文件选编（2003—2008）, 2008.

［23］四川省民族宗教委员会办公室. 民族政策文件汇编（2008—2013）, 2013.

［24］四川省生物多样性保护战略与行动计划编写组.四川省生物多样性保护战略与行动计划（2011—2020）［R］.成都：四川省人民政府，2011.

［25］四川藏区建成千余个幸福美丽新村［N］.人民日报，2017-4-25.

［26］田廷广.汶川地震后羌族社会文化变迁研究［D］.咸阳：西藏民族学院，2013.

［27］温涛，谢峰，等.西部各省陆生野生脊椎动物资源的能值估算［J］.四川动物，2005（1）.

［28］向丽，乔建勇，等.四川省植物种质资源保护与可持续利用［J］.资源开发与市场，2012（12）.

［29］杨慧，陈志明，张展鸿.旅游、人类学与中国社会［M］.昆明：云南大学出版社，2001.

［30］杨超，何郝炬，宋锡仁.当代四川简史［M］.北京：当代中国出版社，1997.

［31］杨嘉铭.德格印经院［M］.成都：四川人民出版社，2000.

［32］杨嘉铭，杨环.四川藏区的建筑文化［M］.成都：四川民族出版社，2007.

［33］杨嘉铭，杨环，杨艺.松石宝帙——格萨尔图像艺术［M］.台北：山月文化，2008.

［34］杨嘉铭，杨艺.西藏绘画艺术欣赏：八邦寺珍藏噶举金鬘唐卡赏析［M］.台北：山月文化，2006.

［35］杨正文，蒋斌，等.阿尔村：援建主导下的灾后重建模式［M］.武汉：华中科技大学出版社，2012.

［36］彝区群众走进新生活［N］.四川日报，2012-9-17.

［37］尹华光.旅游文化学［M］.长沙：湖南大学出版社，2005.

［38］袁亚愚.当代凉山彝族的社会和家庭［M］.成都：四川大学出版

社，1992.

［39］张曦. 持颠扶危——羌族文化灾后重建省思［M］. 北京：中央民族大学出版社，2009.

［40］张曦，黄成龙. 地域棱镜：藏羌彝走廊研究新视角［M］. 北京：学苑出版社，2015.

［41］张晓萍，李伟. 旅游人类学［M］. 天津：南开大学出版社，2008.

［42］周锡银，刘志荣. 羌族［M］. 北京：民族出版社，1993.

后 记

《四川民族读本》是四川省委宣传部委托四川省社科院撰写的宣传四川、解读四川的系列读本之一。

从接到该书任务开始，该课题负责人、四川省社会科学院党委副书记陈井安研究员就亲自组建了课题组，讨论该书在撰写过程中应该注意的核心问题，形成提纲，进行了写作分工。课题组成员由四川省社会科学院民族与宗教研究所的副所长、副研究员杨环（藏族），副研究员何洁和四川省民族研究所副研究员王海燕（羌族），助理研究员苏红丽（彝族）组成。

该读本共分为七个部分，分别为自然胜地、重要成员、灿烂文化、宗教信仰、多彩民俗、传统社会与现代文明、民族政策与民族工作。

该读本的撰写工作分工明确，陈井安研究员负责全书的统稿、提纲的起草与审定、各章的修改；杨环副研究员承担第三、四、五章的写作任务及其他相关工作；王海燕博士承担第一章的写作任务；苏红丽博士承担第七章的写作任务；何洁副研究员承担第二、六章的写作任务。

四川民族众多，文化绚丽多姿，但由于篇幅有限，本书将着力点放在四川省几个主要民族上面，用以点代面的写作手法来展示四川民族地区独特的魅力。

在这里要特别说明，该读本的顺利出版，受到了西南民族大学民族博物馆原馆长杨嘉铭教授的大力支持，他为课题组提供了大量的图片、文字资料及写作指导；四川省民族研究所原所长袁晓文在编写组人员安排上给予了大力支持。在该书即将出版之际，两位老师分别于2020年1月、2月遭遇不幸，驾鹤西去。我们以此书的出版，来缅怀与告慰两位老师的在天之灵。

2020年4月